JN414696

Korea Dessert styling

명품 한식 디저트 스타일링

(주)지구문화
JIGU CULTURE Co.Ltd

머리말

최근의 디저트 카페들은 나름의 트렌드에 따라 넓은 공간을 마련하고 손님을 맞이하면서 그 공간을 예쁜 실내장식은 물론, 다양한 종류의 디저트들로 많은 사람들의 눈을 즐겁게 하는 한편, 입맛까지 사로잡고 있다.

여러분들은, 향이 가득한 은은한 티와 커피에 잘 어울리는 디저트를 선택할 때 크림치즈, 자색고구마 아이스크림 등 너무 부담스러운 디저트들을 주문해야 할지 말지를 망설이던 기억이 있었을 것이다.

우리네 한식 디저트 카페는 그에 비하면 건강에도 좋고 칼로리도 적은 편이지만 서양의 디저트 카페에 비해 그 수가 적은 편이라고 할 수 있다.

여름날 한 잔 쭉 들이키면 가슴까지 시원한 식혜와 수정과, 그리고 발효 음료인 단술까지. 그뿐일까? 달달한 꿀떡과 환상적인 팥빙수 역시 빼놓을 수 없는 인기 한식 디저트에 속한다.

이 책은, 이처럼 숨어 있는 우리네 다양한 건강 디저트들을 한데 모아 활용할 수 있도록 예쁘게 담아 낸 스타일링으로 한결 멋스럽게 상차림을 하였다.

한국의 전통 음식을 꾸준히 섭취하면 성인병 예방과 비만 예방에도 도움이 된다. 한식 위주 상차림의 식구들은 탄수화물 섭취량이 많다 하더라도 혈당 지수가 높지 않고, 인슐린 지수도 낮아 성인병 위험이 상대적으로 적다는 사실이 최근 농림수산식품부와 전북대 의대의 임상 실험을 통해 확인된 바 있다(한식진흥원).

앞으로 한식의 우수성이 많은 사람들에게 잘 알려졌으면 하는 바램과 아울러 한식이 건강식으로 자리잡아 세계인들이 즐겨 먹는 디저트가 되기를 기대해 봅니다.

계묘년 새봄

저자 대표 양 향 자

차례

PART II 디저트 스타일링

명품 한식 디저트 스타일링

차례

전통이 담긴 한국 디저트

SNS 인기 한국 디저트

마음을 담아 선물하기 좋은 한국 디저트

Contents

PART Ⅰ

한국의 식문화

Chapter 1

한국의 식문화

1. 한국의 식문화

한식 상차림은 일상생활에서 아침, 점심, 저녁을 먹는 일상적인 밥상과 백일잔치, 혼례 등 한국의 통과의례와 특별한 날에 차리는 의례식 상차림으로 크게 나눌 수 있다. 상차림의 형식은 목적에 따라 반상, 면상, 주안상, 교자상, 돌상, 큰상, 제상 등의 형식이 있다. 반상은 주식을 밥으로 하고, 찬을 올려놓는 형식의 기본적인 밥상이다.

반찬의 가짓수를 첩 수라고 하는데, 밥, 국, 김치, 조치, 종지(간장, 고추장, 초고추장)를 제외한 반찬 수에 따라 3첩 반상, 5첩 반상, 7첩 반상, 9첩 반상, 12첩 반상으로 나눌 수 있다.

면상은 주식인 밥을 면으로 대체하여 제공하는 것이다. 주안상은 손님이 왔을 때 주류를 대접하기 위해 내오는 상이며, 교자상은 명절이나 잔치, 축하연에 회식 또는 모임 등에 쓰이는 상차림이다.

1. 상차림

(1) 반상

평소에 먹는 밥상으로 밥과 반찬을 함께 차린 일상식에 속한다. 쌀과 보리와 같은 곡류를 주식으로, 그 외 반찬 가짓수에 따라 3~12첩으로 분류할 수 있다. 왕과 왕비에게 제공되는 반상은 12첩 반상으로 수랏상이라고도 한다.

첩 수		음식 종류
3첩	기본	곡류(쌀 · 보리), 국, 김치, 간장
	반찬	구이 or 적, 생채 or 숙채, 장아찌 or 젓갈
5첩	기본	곡류(쌀 · 보리), 국, 김치 2종류, 찌개(조치), 간장, 초간장
	반찬	구이 or 적, 생채 or 숙채, 장아찌 or 젓갈, 조림, 전유어
7첩	기본	곡류(쌀 · 보리), 국, 김치 2종류, 찌개(조치), 찜, 전골, 간장, 초간장, 초고추장
	반찬	구이 or 적, 생채 or 숙채, 장아찌 or 젓갈, 편육 or 회, 조림, 전유어
9첩	기본	곡류(쌀 · 보리), 국, 김치 3종류, 찌개(조치) 2종류, 찜, 전골, 간장, 초간장, 초고추장
	반찬	구이 or 적, 생채, 숙채, 장아찌, 젓갈, 편육 or 회, 조림, 전유어, 마른 찬
12첩	기본	곡류(쌀 · 보리) 2종류, 국 2종류, 김치 3종류, 찌개(조치) 2종류, 찜, 전골, 간장, 초간장, 초고추장
	반찬	더운 구이, 찬 구이, 조림, 전유어, 숙채, 생채, 장아찌, 젓갈, 마른 찬, 편육, 회, 수란

(2) 죽상

곡류를 고루 으깨어 물에 개어 끓인 것으로 응이, 미음, 죽 등의 유동식이 주식으로 나오는 상이다. 죽과 함께 물김치, 마른 찬을 함께 올리고, 한 김 날리기 위한 앞접시와 소금, 청장을 함께 올린다.

(3) 면상

주식인 밥 대신 국수, 만두, 떡국을 주식으로 올리는 상으로, 간단하게 한 끼를 먹기 위해 차려지는 상이다. 냉면, 온면, 떡국, 만둣국 등의 종류가 있고 찬으로는 찜, 잡채, 편육, 전, 배추김치, 나박김치 등이 함께 올라가며, 후식도 함께 올라가는 상이다.

(4) 주안상

손님이 방문했을 때 술을 대접하기 위해 차리는 상으로, 손님의 기호에 따라 준비한다. 청주, 소주, 탁주와 같은 술과 함께 먹는 안주로 전이나 편육, 마른 안주 등이 올라가며, 기호에 따라 국물이 있는 전골이나 조치 같은 뜨거운 음식이 준비되기도 한다.

(5) 다과상

식후나 식사 시간 외에 후식으로 내놓는 상이다. 다과 중심의 상차림으로 수정과나 식혜와 같은 음청류나 따뜻한 차를 올리고, 그 외에 다식이나 정과와 같은 다과를 함께 올린다.

(6) 교자상

명절이나 행사가 있을 때 귀한 손님에게 대접하는 음식을 큰 상에 차리고 함께 둘러앉아 식사하도록 차려놓은 상이다. 주식은 냉면, 온면, 떡국, 만두 등 계절에 맞는 음식을 올리며, 부식으로는 탕이나 찜, 전유어, 편육, 회 등을 올린다. 김치는 배추김치, 나박김치, 오이소박이, 장김치 중 2~3가지 정도 올리며, 후식은 숙실과나 생과일, 화채 및 차를 올린다.

2. 한국의 다과

한국은 예부터 다과상을 내오는 문화가 있었다. 이런 문화는 현대에 이르러서 식후 디저트의 형태로 발전하였으며, 곡물 요리인 떡이나 과일을 말린 정과류, 식혜나 수정과와 같은 음청류, 유과, 유밀과, 강정 등의 한과 등이 한국의 디저트를 대표한다.

3. 한국의 세시풍속과 음식

(1) 1월(설날)

1월은 음력 1월 1일인 새해의 첫날로 큰 명절에 속한다. 설날 이른 아침에 음식을 마련해 조상에게 차례를 지내며, 어른들에게 공경의 표시로 세배를 한다.

설날에 먹는 대표적인 음식은 떡국이며, 흰 쌀을 쪄내어 길게 뽑아 만든 가래떡을 말린 후 납작하게 썰어 끓인 음식이다. 이 밖에 식혜나 다식 등의 음식을 만들어 이웃과 함께 만들어 먹었다.

(2) 1월(정월대보름)

풍년이 들기를 바라는 마음으로 음식을 차린다. 주로 오곡밥을 지어 이웃들과 함께 나누어 먹는다. 오곡밥은 멥쌀과 차조, 팥, 콩, 대추, 밤 등의 곡식을 함께 지은 밥이다.

찬으로는 호박고지, 박고지, 고사리, 도라지 등의 나물 반찬을 함께 먹으며, 호두, 잣 등의 부럼을 깨어 한 해 무사태평하기를 빈다.

(3) 2월(초하룻날)

중화절이라고도 불리며, 농사를 시작하는 날이다. 그 해 풍년을 빌기 위해 마당에 세워둔 볏가리를 빻아 떡을 빚고, 남은 볏짚은 떡을 찔 때 사용한다. 이때 손바닥만한 크기의 노비송편을 빚어 일꾼들에게 나누어 준다.

(4) 3월(삼짇날)

삼짇날에는 쌀가루 반죽을 반죽해 지진 후 참기름과 함께 진달래꽃을 올려 꽃전을 만들거나 녹두 가루를 반죽해 익힌 후 가늘게 썰어 잣과 함께 꿀물에 넣어 먹는 화면을 먹는 날이다.

(5) 4월(초파일)

초파일에는 절에 찾아가 제를 올리고 등을 단 후 비빔밥을 해 먹으며, 멥쌀가루와 함께 느티잎을 섞어 찐 설기떡을 만들어 먹는다.

(6) 5월(단오)

단오는 수릿날이라고도 하며 이날은 수리취떡을 만들어 먹는다. 수리취떡은 수리취라는 나물을 쑥과 함께 멥쌀가루에 섞어 만든 떡이다. 또한, 앵두를 살짝 쪄서 설탕에 넣고 졸여 굳힌 편이나 화채를 함께 먹었다.

(7) 6월(유두)

유두는 소두, 수두라고도 한다. 경북에서는 찹쌀노티를 굽고 시루떡을 기름에 부쳐 호박전과 같이 전 종류를 차리거나 유두국수를 먹으며 장수를 기원했다.

(8) 6월(삼복)

초복, 중복, 말복을 가리켜 삼복이라고 하며, 더위를 이겨내기 위해 삼계탕과 같은 건강식과 수분이 많은 수박, 참외 등의 과일을 먹었다.

(9) 7월(칠석)

7월 7일 칠석은 견우와 직녀가 하늘에서 만나는 날이다. 주로 국수를 만들어 먹었다.

(10) 8월(추석)

추석날은 햇곡식으로 지은 햇밥과 송편, 곶감, 배 등으로 제사를 지낸다.

(11) 9월(중구절)

중구절은 처음 추수한 벼로 떡과 밥을 지어 차례를 지낸다. 시절식으로 국화전을 지져 먹고, 국화주도 담가 마신다.

(12) 10월(상달고사)

상달이라고도 하며, 붉은 시루떡을 쪄서 고사를 지낸다.

(13) 11월(동지)

동짓날에는 팥죽을 쑤어 먹는다. 동지는 작은 설이라고 하여 팥죽에 들어있는 새알을 먹으면 나이를 한 살 더 먹는다고 한다. 이날 임산부가 있으면 새알 빛은 모양을 보고 태어날 아이가 아들인지 딸인지 점치기도 한다.

(14) 12월(섣달)

마지막 달인 섣달은 해를 마무리하기 위해 온 집안을 깨끗하게 청소한다.

2. 한국 식탁의 역사

1. 신석기시대부터 고조선까지

한반도에 인류가 살기 시작한 것은 기원전 4천년 전 신석기시대부터 시작된다. 단군왕검을 시조로 최초의 부족 국가인 고조선이 건국되면서 농경사회가 시작되어 확장되었다. 이때 벼, 수수, 보리 등의 논농사와 함께 밭농사와 가축사육이 활발하게 진행되었으며, 철제 보급을 통해 농기구가 발달하면서 농경 생활의 발전이 이루어졌다. 이러한 농사의 중요도는 풍요로운 생산을 기원하기 위한 제천의식으로 하늘에 제를 지내는 의식을 통해서도 알 수 있다.

(1) 신석기시대부터 고조선까지 식탁의 역사

곡신제, 추수감자제 등 단군세기에 쓰인 "삼신에게 제사지낼 때 술과 선물을 바쳤고, 그날 밤 단군이 떡과 술, 지역 특산물과 과일 등 잔칫상을 채운 음식들을 백성들과 나누었다"라는 기록을 통해 이러한 행사는 신분 차이 없이 함께 즐겼다는 것을 알 수 있으며, 함께 음식을 만들고 먹는 '뷔페' 형식의 식사가 진행된 것을 확인할 수 있다.

신석기인들은 움집이나 천연동굴을 이용하여 좌식 생활을 하였다. 평상시에는 불 주위에 둘러앉아 바닥에 음식을 놓고 먹었으나, 제사 등을 지낼 때는 평평한 돌 위에 상을 차려 음식을 놓았던 것을 알 수 있다.

부족 국가 시대에 접어들며 강가에서 물고기 어로를 주로 했던 어류민과 농사를 통해 먹을 것을 생산하는 농경민이 서로 섞여 생활하였으며 소형 용기의 등장으로 미루어 보아 개인 식기의 이용이 늘어났다는 것을 알 수 있다. 또한 낙랑 고분의 〈효자도〉와 같은 그림으로 미루어 보아 숟가락 사용이 보편화되었으며, 발견되는 탄화미는 굽는 조리법이 이미 있었다는 것을 알 수 있게 한다.

앞서 설명했던 어류민은 주로 빗살무늬 토기를 사용하였는데, 농경 중심으로 생활이 바뀌면서 농경민은 가마에서 구워 내어 더 단단해진 민무늬토기를 사용하였다. 민무늬토기를 비롯한 토기들은 신석기시대에서 청동기시대로 넘어가는 시기에 다양한 요리도구들을 사용해 삶기, 훈연 등의 조리를 했음을 알 수 있다.

기원전 4세기에는 철제 농기구가 출현하면서 농경을 통한 곡식의 수확량이 증가하여 쌀을 주식으로 하게 되었으며, 대두와 같은 콩은 주요 단백질 공급원으로 사용되면서 곡류와 콩을 이용하는 식문화가 자리잡았다.

우리나라의 경우 신석기시대부터 조, 수수, 기장과 같은 잡곡을 먹기 시작했고, 부족 국가 시대부터 벼를 본격적으로 재배하였으나 삼국시대에 이르러 철제 농기구를 사용하면서 생산성을 높였다. 쌀은 주로 남부 지방에서 재배되었고, 신라의 삼국 통일 이후 북쪽으로 전파되었다.

2. 삼국시대(BC. 82년부터 AD. 676년까지)

부여를 거쳐 고구려부터 시작하여 백제, 신라는 순차적으로 부족 국가에서 고대 국가의 모습을 갖추었는데, 가야의 경우 삼국과는 다르게 독립적인 철기 및 쌀 문화권을 형성하였다. 이후 삼국으로 굳어진 후에는 귀족과 평민으로 계급제가 이루어졌으며 농업 경제가 활성화되면서 농지에 물을 공급하는 관개 사업이 활발해져 쌀의 생산량이 증가되었다.

(1) 삼국시대의 식탁의 역사

신분제가 발달하면서 계급에 따라 식생활도 구분되어 지는데, 왕족의 경우 각지의 특산물을 활용하여 풍부하면서도 다채로운 식생활을 하였으며 이러한 식문화는 후대에까지 전파되어 궁중음식이라는 갈래로 정착하게 된다. 계급에 따라 식기의 종류는 물론이고 상의 종류도 다양해졌으며, 쌀 소비량에도 차이가 생겼다.

귀족의 경우는 순금과 유리 등을 소재로 식기를 만들어 사용하였고 종류와 형태가 다양화되면서 식생활에서 주식과 부식의 구분이 이루어진다. 또한 고구려와 백제, 신라 모두 불교를 국가 종교로 채택하면서 농경이 더욱 활발해진 반면 육식은 감소하여 수렵과 목축은 감소하였다.

삼국시대에는 식생활과 관련한 공간들이 많이 생겨났으며, 이전까지 쌀을 쪄 먹던 형태에서 벗어나 '밥'의 형태로 먹을 수 있게 되었다. 솥, 시루, 절구, 맷돌 등이 등장하고 이러한 다양한 조리도구를 이용하여 조리 기술이 향상되면서 식생활이 풍부해졌다.

삼국시대의 식생활은 무용총과 같은 벽화 속에서 발견할 수 있는데, 서로 대면하며 식사하는 입식 위주였으며 성별로는 남성이 위주가 되는 가족 형태를 띠고 있음을 관찰할 수 있다. 또한 지금과 마찬가지로 밥은 왼쪽에 두고, 국은 오른쪽에 두는 습관이 생겨났다.

계급이 높은 왕족이나 귀족의 경우 주요 음식을 올려 두는 음식상과 함께 술과 과일을 올려 두는 곁상이 함께 차려져 나오는 것을 보아 후대의 수라상 등이 이러한 것의 영향을 받았음을 미루어 짐작하게 한다.

3. 고려시대(1102년부터 1392년까지)

고려시대의 생활상은 후기 신라와 큰 차이가 없으며, 농사를 위주로 하는 정책이 지속적으로 시행되어 기후를 예측하기 위한 천문, 기상현상의 관측이 이루어졌다. 또한 날이 가물었을 때 가뭄과 같은 자연재해를 예방하기 위해 기우제와 같은 제사가 이루어지기도 했다. 또한 대외적인 교류 · 교역이 활발해져서 중국의 송나라에 고려청자가 수출되었다.

(1) 고려시대 식탁의 역사

고려시대 초기에는 국가 종교인 불교가 더욱 활성화됨에 따라 육식이 더욱 감소하였으며, 주로 채식을 위주로 오이생채 등의 찬과 사찰음식이 발달하였다. 또한 당나라에서 차가 수입되며 차와 함께 즐길 수 있는 음식 역시 다양화되었다. 고려시대 후기에는 거란족과 몽골의 침략으로 인해 감소되었던 육식과 육류를 이용한 조리법이 발달하였다.

고려시대에는 지금과 마찬가지로 온돌 형식의 집 구조가 정착되면서 식탁을 이용하는 입식 생활 대신 좌식 생활이 정착되었으며, 한식의 상차림 역시 굳어지게 되었다. 고려시대의 식기는 화려해지면서 유기, 고려청자 등 일상에서 사용하는 용기는 물론이고 장식용 용기, 특수 용기까지 다양한 그릇들이 사용되었다.

고려시대에는 불교의 영향을 받아 연회가 발달하였으며, 현대의 주요 행사에도 볼 수 있는 원통형으로 높이 쌓아올리는 고배(高排) 음식 역시 나타나 자리잡게 되었다. 이는 일본에 전해져서 일본 신사에도 영향을 미쳤다.

또한 탕, 국의 형태가 통일신라시대에서부터 이어져 내려와 식탁의 기본 상차림이 되었으며 밥을 주식으로, 여러 반찬과 국을 부식으로 하는 식사 형태가 확립되었다. 아울러 후추, 설탕, 참깨 등의 조미료가 등장하여 사용되었으며, 이를 활용한 조리법과 저장법 역시 발달하면서 식습관이 다채로워졌다.

4. 조선시대(1392년부터 1910년까지)

조선시대에는 고려시대와 달리 불교가 쇠퇴하고 유교 문화가 확장되었으며, 결혼 등의 관혼상제와 같은 행사가 발달하며 술 문화 역시 확장되었다. 특히 조선시대의 경우 임진왜란을 기준으로 전기와 후기로 나뉘게 되는데, 전기에는 비교적 강력했던 왕실의 중앙집권 형태가 쇠약해지며 후기에는 사회 구조의 변동이 일어났다.

(1) 조선시대 식탁의 역사

조선시대에는 유교 사상이 자리잡으면서 초기의 강력한 신분 계급을 유지하기 위한 의식와 예절이 중시되었다. 관혼상제와 관련된 규칙과 규범이 생겨나고, 가족 제도 역시 가부장, 대가족의 형태를 띠게 되었다. 따라서 이와 함께 사람마다 한 개의 상으로 독상을 차리는 형태가 자리잡았다.

상을 물려 식사하는 형태가 습관화되었으며, 남녀가 유교의 원리에 따라 서로 겸상하지 못하였다. 신분과 성별에 따른 식생활 형태에 차별이 강화되면서 이에 따라 반찬 수가 제한되기도 하였다.

조선시대 식문화는 반찬 수에 따라 구분되었는데 최소 3첩에서 최대 12첩까지 신분에 따라 다양하게 나누어졌다. 온돌이 서민들에게까지 보급되면서 좌식 생활이 확립되었으며, 초기에는 분청사기가 후기에는 백자가 식도구로 이용되었다.

유교를 숭상하고 불교를 억제하는 숭유억불 정책이 확대되면서 채식 위주의 문화는 감소하고 육식의 대대적인 증가가 일어났다. 또한 24절기에 따른 절기별 음식이 발달하였으며, 삼국시대부터 이어져 내려온 궁중 음식이 극도로 발달하여 현재의 한식의 대표로 자리잡게 된다.

궁중식의 경우 궁중에서 일어나는 행사의 목적에 맞게 수라상, 제례상, 고배상 등이 차려졌으며 이러한 문화가 민간에 전해지면서 전반적으로 한국 음식의 질이 높아졌다. 임진왜란을 겪으며 일본 등지로부터 고구마, 감자, 고추 등 현재에도 자주 쓰이는 재료들이 들어와 한국 음식의 풍미를 높이는 데 일조하였다.

5. 근대시대(1910년부터 1945년까지)

우리나라의 근대는 일본을 비롯한 러시아, 미국 등의 외세 간섭의 영향을 많이 받았다. 특히 을사늑약 및 한일합방에 이르는 국권 침탈로 일제 강점기를 경험하면서 수많은 이주민들이 발생하며 살기 힘들어졌다. 또한 사실상 신분제가 폐지되면서 생활 방식이나 습관에도 변화가 발생하는 시기이기도 하였다.

(1) 근대시대 식탁의 역사

근대시대에는 서양 선교사들의 영향으로 서구의 음식이 도입되었으며, 커피, 홍차 등 차를 먹는 풍습이 왕실에서부터 천천히 자리잡게 되었다. 그러나 생활고를 겪는 서민과 왕실에서의 생활상에 점점 격차가 벌어지며 극단적인 모습을 보였다.

근대시대에는 유기, 사기, 자기 등의 그릇이 식기로 사용되었으며 대체적으로 둥근 접시와 백색 색상의 식기들이 사용되었다. 또한 일본에 의해 세워진 도자 공장으로 인해 공장에서 식기가 생산되었다.

이 시기에 상류층들은 다양한 연회와 파티를 즐기면서 호화로운 생활을 영위하였다. 이러한 연회와 파티에는 한식은 물론이고 각지의 서양 음식 또한 등장하면서 다양한 기호 음식까지 함께 맛볼 수 있었다.

생활고를 겪는 서민층은 밥 대신 죽을 먹었기에 지역에서 생산되는 재료를 기반으로 한 다양한 죽이 발달했고, 오늘날 보릿고개라고 불리는 춘궁기에는 풀뿌리를 캐고 나무 껍질을 벗겨 먹는 생활을 하였으며 화전민의 수가 크게 늘었다.

6. 현대시대(1945년 이후 현재)

일제의 무조건 항복으로 인해 강점기로부터의 해방은 이루어졌으나 곧바로 남북 분단과 함께 전쟁이 발발하며 최악의 시기를 보낼 수밖에 없었다. 그러나 전쟁 이후 경제개발 5개년 계획을 통해 근대화 및 고도 성장기를 겪으면서 GDP가 증가하였다. 산업화와 도시화가 급격하게 이루어지며 도시와 농촌의 격차가 생겼으며, 짧은 기간의 발전으로 인한 부작용을 겪을 수밖에 없었다.

비교적 최근에 이르러서는 각 개인의 개성을 존중하는 시대적 분위기가 형성되고 있으며, 다양한 삶의 형태가 공존하고 있다.

(1) 현대시대 식탁의 역사

현대시대의 식탁은 조선시대의 왕실과 귀족의 식생활을 바탕으로 하는 궁중 요리를 기반으로 하고 있으며, 지역별 특산물을 활용한 요리 역시 발달하여 자리잡았다. 산업화가 진행되며 식품 산업 역시 고도화되어 식습관이 점차 서구화되었으며, 쌀의 소비량은 감소하는 반면 빵 소비량은 증가하며 이러한 변화가 통계적으로도 나타나고 있다.

식사 예절은 조선시대의 가부장제에서 변화하여 각 개인을 존중하는 형태로 변화하고 있으며, 외국 요리와 한국 요리를 합친 퓨전 형태의 요리가 다양하게 개발되고 있다.

조선시대에 이르기까지 부엌 공간과 생활 공간이 분리되어 있었다면, 현대에는 주요 생활 공간인 거실과 부엌이 이어져 있는 경우가 많다. 현대시대의 도자기는 다양한 문양과 형태로 공장에서 대량생산되기 시작했으며, 최근에 이르러서는 개인 도자공방 등 다양한 형태의 도자기가 만들어지고 있다.

현대시대의 식기는 서양식이 대부분이고, 스테인레스 재질의 식기도 다양하게 사용되고 있다. 현대의 한식 상차림은 조선시대와 마찬가지로 여러 음식을 한꺼번에 내는 형태를 띠고 있으나, 최근에는 한식도 코스 형태로 나오거나 다양한 퓨전 음식이 개발되는 등 점차 다양화되는 모습을 보이고 있다.

Chapter 2
한식 디저트와 색깔

1. 붉은빛을 내는 재료

(1) 백년초 가루

선인장의 열매로 만드는 색 재료이다. 열에 약하므로 가열하여 조리하기 전에 사용하여야 하며, 열을 가하게 되면 색이 변할 수 있어 주의해야 한다. 보통 열을 가하는 식품을 식힌 다음 가장 마지막으로 첨가하는 것이 좋다.

(2) 딸기

딸기를 갈아서 그대로 사용하면 자연스러운 색이 나며, 산딸기의 사용이 가능하다면 산딸기를 사용해도 좋다.

(3) 딸기파우더

시중에서 판매되는 파우더로, 딸기를 말려 갈아 파우더로 만든 제품이다. 잘 섞이지 않으므로 사용할 때는 우유에 개어 사용하면 좋고, 색의 변화를 방지하기 위해서는 레몬즙을 뿌려 이용한다.

(4) 자색 고구마 가루

삶은 후 으깨어 퓨레 형태로 만들어 사용한다. 적은 양으로도 보라색을 낼 수 있다. 열에 약하므로 식품의 열을 가한 후 식혀 가장 마지막으로 첨가하여 이용하며 강한 보랏빛을 내기 위해서는 포도주스 가루를 추가로 첨가하여 이용한다.

(5) 복분자즙

복분자를 믹서에 갈아 면포에 씨를 걸러 사용하거나, 시중에 판매되는 제품을 이용한다.

(6) 오미자즙

오미자를 깨끗이 씻어 찬물과 오미자를 동량으로 넣어 우려낸 후 면포에 걸러 사용한다. 뜨거운 물에 우려내면 신맛과 떫은맛이 강하게 우러나오게 되므로 찬물에 우려내고, 설탕을 첨가하여 이용해도 좋다.

(7) 비트 가루

비트 가루는 열에 약하기 때문에 음식에 섞은 후 열을 가하게 되면 색이 주황색으로 변한다. 음식이 익은 후에 섞어 주는 것이 좋다.

2. 초록빛을 내는 재료

(1) 녹차 가루

녹차 잎을 말려 가루를 낸 것으로, 어린잎으로 만든 말차 가루일수록 색이 고우며, 연두색 빛깔의 초록빛을 낸다.

(2) 쑥 가루

쑥을 깨끗하게 손질하여 삶은 다음 사용할 만큼만 꺼내고, 나머지는 냉동시켜 저장하며, 원하는 양을 해동해 사용한다.

(3) 시금치 가루

시금치에 물을 넣고 갈아내어 면포에 거른 후 사용한다.

(4) 솔잎 가루

솔잎에 물을 넣고 갈아내어 면포에 거른 후 사용하거나 건조기에 말려 분쇄하여 사용한다.

3. 노란빛을 내는 재료

(1) 단호박 가루

단호박을 쪄낸 후에 으깨어 퓨레 형태로 사용하거나 단호박을 말려 갈아낸 시중에 판매되는 제품을 이용한다. 치자보다 어두운 노란색을 띤다.

(2) 치자 가루

치자 가루는 계란 노란자와 유사한 빛깔을 내며 깨끗이 씻은 다음 반을 잘라 따뜻한 물에 우려내어 사용한다. 물 1컵당 3~5개 정도를 넣어 이용한다.

(3) 진피 가루

귤껍질을 잘 씻어낸 후 가늘게 채 썰어 건조기에 말린 후에 믹서기로 갈아 이용한다.

(4) 송화 가루/송기 가루

주로 다식을 만들 때 이용하며, 소나무의 꽃가루로써 독특한 향취를 지닌다. 송기 가루는 소나무의 속껍질을 의미하며 절편을 만들 때 섬유질이 풀어지도록 하여 사용한다.

4. 갈색빛을 내는 재료

(1) 코코아 가루

초콜릿 색을 낼 때 사용하며, 연갈색을 띤다.

(2) 계피 가루

주로 약과, 단자, 수정과 등에 이용되며 병에 담아 밀봉해서 향이 새 나가지 않도록 하여 사용하는 향미 재료로 쓰이며, 습기가 없는 건조한 곳에 보관하여 이용한다.

5. 검은빛을 내는 재료

(1) 흑임자 가루

검은깨를 깨끗이 씻어낸 후에 믹서기에 갈아내고, 한 번 쪄내어 기름기를 제거한 후에 사용한다.

(2) 흑미 가루

검은 쌀을 쪄낸 후 말려 가루로 빻아 이용하며, 검붉은색을 지니고 있다.

(3) 감 가루

감을 얇게 썰어 낸 후 수분을 제거한 뒤 잘게 부수어 가루 내어 보관하여 이용한다.

Chapter 3 스타일링의 법칙

우리는 오감을 이용하여 음식을 먹는다. 그중 가장 신속하게 전달되는 것이 바로 시각적인 요소이다. 음식을 접할 때 먼저 눈을 통해 느끼기 때문에 이러한 음식의 이미지가 선호도를 결정하기도 한다.

1. 색상

(1) 식욕을 느끼게 하는 빨간색

빨간색은 자극적인 색으로 음식에 사용하면 자극적인 요소와 강렬한 색상으로 식욕을 느끼게 하는 특징이 있다. 빨간색은 맛있게 매운 이미지를 연상시켜 모든 음식의 맛을 돋우는 작용을 한다.

빨간색의 연상 이미지

정열, 축제, 따뜻함, 사랑, 흥분, 긴장, 안전, 적극적, 전쟁, 분노, 광기, 피, 악마, 반항, 죽음, 권력, 희생 등

(2) 달콤함을 느끼게 하는 주황색

주황색은 침샘을 자극하는 힘을 가지고 있다. 자연계의 대표적인 색으로 식욕을 돋우어 준다. 단맛과 부드러운 맛을 강하게 느끼며, 포만감을 느끼지 못하게 해 과식을 할 수 있다.

주황색의 연상 이미지

열정, 활동성, 강렬함, 친근감, 건강, 명랑, 신선함, 욕망, 젊음, 격려, 경박함, 온화, 호기심, 대담, 에너지, 적극성 등

(3) 따뜻한 분위기와 즐거움을 주는 노란색

노란색은 신맛과 달콤한 맛을 동시에 느끼게 하는 색이다. 식욕을 돋우고 시각적으로 음식의 맛을 향상하는 역할을 한다. 노란색 식물에는 카로티노이드가 들어있어 항산화 효과를 가지고 있다.

노란색의 연상 이미지

아동, 여림, 기쁨, 햇살, 활력, 소망, 새로운, 밝은, 맑은, 비겁함, 집중, 경고, 경박함, 질투, 항쟁, 이별, 아픔, 불신 등

(4) 풋풋함이 풍기는 초록색

초록색은 신선한 야채나 과일을 연상시키는 색으로, 밝은 녹색은 상큼한 맛을, 짙은 녹색은 쓴맛을 느끼게 한다.

초록색의 연상 이미지

자연, 편안함, 안정, 신선함, 생명, 진화, 신뢰, 안전, 성장, 번영, 친근함, 농촌, 약속, 전진, 재충전 등

(5) 시원함과 차분한 감정을 느끼게 하는 파란색

상큼하고 시원한 느낌을 주면서도 차분한 감정을 느끼게 하는 파란색은 음식에서 상큼함과 쓴맛을 동시에 주는 색이다. 이 색은 음식을 맛없게 보이게 하여 식욕을 감퇴시키는 작용을 한다.

파란색의 연상 이미지

깨끗함, 젊음, 미래, 모험, 천국, 안전, 진보, 비즈니스, 편안함, 정적임, 신뢰, 명예, 상쾌함, 차분함, 바다, 하늘, 미숙함, 우울함, 비애, 수심, 꿈, 보석, 성공 등

(6) 신비롭고 독특한 느낌의 보라색

신비롭고 독특한 느낌을 가지고 있는 보라색은 음식으로 사용될 때 쓴맛과 함께 음식이 상한 느낌을 주게 되는 경향이 있다.

보라색의 연상 이미지

신비, 고급, 변화, 귀함, 강압, 불안, 우울, 피로, 슬픔, 멍, 싫증, 공포, 화려, 고독, 귀부인, 병자 등

(7) 모던하고 고급스러운 검정색

모던하고 고급스러운 분위기를 연출하는 검정색은 강한 힘과 세련되면서도 화려함을 느끼게 한다. 다만, 음식의 색으로 표현되었을 때는 쓴맛과 부패한 느낌을 주는 경향이 있어 식욕을 떨어뜨리게 한다.

검정색의 연상 이미지

공포, 죽음, 분노, 엄숙, 지옥, 위험, 금기, 마술, 신비, 우아, 세련, 미스터리, 어둠, 섹시, 모던, 엄격, 긴장, 어둠, 반항, 고뇌 등

(8) 신선하고 화사한 분위기의 하얀색

맑은 느낌을 가지고 있는 하얀색은 신선하면서도 화사한 분위기를 가지고 있지만 음식의 색에서는 짠맛을 느끼게 한다. 스타일링으로 사용했을 경우 음식을 깨끗하고 원색으로 반사시킬 수 있어 스타일링 색으로 많이 이용한다.

하얀색의 연상 이미지

우아함, 순결, 청초, 결백, 순수, 천진, 자각, 고상, 보수, 결혼, 병원, 겨울, 물, 공간, 시작, 수녀, 진실 등

(9) 전통음식의 색채 오방색

한국은 음식의 맛과 색상에도 음양오행(陰陽五行)의 원리를 사용하였다. 맵고, 짜고, 시고, 달고, 쓴 오미를, 시각에서는 오색으로 조화시킨 것이다.

오방색의 고명

청색 : 청고추, 파, 쑥갓, 미나리 등의 녹색 채소
백색 : 달걀 흰지단, 무, 배
황색 : 달걀 노른지단, 호두, 깨
적색 : 홍고추, 실고추, 대추, 당근
흑색 : 표고, 목이, 석이, 김, 검정깨

2. 그릇

요리는 맛과 시각적인 아름다움이 결합되어 결정되는데, 그중 접시는 모양이나 색, 높낮이에 따라 음식의 시각적 요소에 영향을 주게 된다. 전체적인 요리 컨셉에 맞추어 접시의 모양을 원형으로 할 것인지, 사각으로 할 것인지, 혹은 어떤 색의 접시를 선택할 것인지를 결정하는 것은 스타일링에 있어 기본적인 요소이다.

(1) 그릇의 모양

① 원형 접시

가장 기본적이면서 많이 사용하는 접시이다. 어느 요리에서나 어울리며, 음식을 원 안에 넣으면, 음식이 돋보이면서 강조되는 효과를 가진다.

② 사각 접시

4개의 선 안에 음식이 있으면 안정되면서 세련된 느낌을 준다. 원형 접시보다 틀 안에 있는 듯한 느낌을 주기 때문에 다양한 컨셉의 음식을 스타일링 할 수 있다.

③ 타원형 접시

안정성과 부드러운 느낌을 주는 접시로 연회나 다량의 음식을 담을 때 많이 사용한다. 지금도 다수의 인원이 오는 매장에서 많이 사용하고 있으며, 테이블 너비가 좁은 곳에서 사용하면 공간 활용을 할 수 있다.

④ 직사각형 접시

선의 길이가 다른 접시는 파티나 전채 요리 등을 담아 연출할 때 사용되고는 한다. 선의 길이가 다르기 때문에 안정감은 없지만 독특하고 창의적인 음식을 표현할 수 있다.

(2) 그릇의 질감

① 질그릇류

비교적 낮은 온도에서 구워지는 질그릇은 두껍고 기공이 있으며, 잘 깨지고 불투명하면서 광택이 없다. 대부분 붉거나 갈색을 띄고 있으며, 된장찌개 같은 음식의 뚝배기가 질그릇에 속한다.

② 사기류

회색이나 밝은 갈색의 고운 점토를 중간 온도에서 구워낸 사기류는 비교적 방수성이 있으며 견고하다. 투박한 느낌을 들게 하지만 가격이 저렴하고 무난하면서 관리가 편하므로 많이 사용된다. 얇고 희며, 반투명의 광택이 나는 차이나(china)류는 고온에서 구워지는데, 맑고 투명한 느낌을 준다.

③ 자기류

자기류는 아주 높은 온도에서 구워지고, 매우 얇게 유리화되어 밝은 빛에 비추어 볼 때 투명하게 느껴지는 특징이 있다.

(3) 용도별 그릇

① 위치 접시

테이블에 미리 셋팅되어 있는 접시이다. 대부분 화려한 접시를 이용하며, 웨이터가 음식이 나오기 전에 접시를 가져가 음식이 나올 준비를 한다.

② 디너 접시

고기, 생선 등의 메인 요리를 올리는 접시이다.

③ 스프 접시

높낮이의 길이가 있는 접시로 액체 음식(스프, 스튜 등)을 담아내는 접시이다.

④ 디저트 접시

길이가 약 20cm의 디저트를 담는 접시이다.

PART Ⅱ

디저트 스타일링

명품 한식 디저트 스타일링

전통이 담긴 한국 디저트

SNS 인기 한국 디저트

마음을 담아 선물하기 좋은 디저트

다과상에 어울리는 한국 디저트

아이와 함께 만들기 좋은 한국 디저트

명품 한식 디저트 스타일링

한국을 방문한 외국인 친구를 위한 다과상 스타일링

한국에 잠시 방문한 외국인 친구, 일정 중 비는 시간이 있어 잠시 집에 초대하여 간단한 대화를 나눌까 한다. 잠깐의 방문인 만큼 간단하게 먹을 수 있는 다과와 차를 준비했다.

한국의 정서를 느낄 수 있는 원목의 배경과 함께 외국의 느낌을 주는 테이블보와 플레이트는 이질감을 줄여주고, 높이감이 느껴지는 투명색의 유리 접시를 사용하여 깔끔한 느낌을 주면서 입체감을 줄 수 있도록 하였다.

또한, 외국인들도 쉽게 접할 수 있으며 대화하면서 먹을 수 있는 디저트를 선택하여 외국인을 위한 다과 플레이팅으로 배치했다 할 수 있겠다.

고즈넉한 창가 자리,
책과 함께 즐기는 한국 다과상 스타일링

저녁 식사 후, 고즈넉한 창가 자리 앞에 앉아 책을 편다. 초여름, 풀잎이 우거진 창밖에는 귀뚜라미가 박자를 맞추어 울고 있다. 평소 즐겨 읽지 않던 책을 읽으며, 당이 떨어질 때마다 먹을 여러 종류의 다과를 플레이팅하였다.

한 손에 책자를 넘기며, 한 손으로 집어 먹을 수 있는 다과들이며, 손에 잘 묻어나지 않는 다과를 선택하였다. 한국적인 집에 어울리는 식기를 선택하여 이질감이 없도록 하였으며, 색감은 분위기와 잘 어울릴 수 있는 오방색의 식기를 통해 전통적인 느낌을 살리도록 했다.

또한, 납작한 그릇으로 인해 다소 낮아 보이고 밋밋해 보일 수 있는 시선을 중간에 높이가 있는 유리 식기를 배치함으로써 3D적 구조를 만들어 시공간을 입체적으로 만들었다. 또한 사이드 쪽에 준비된 다과를 담은 유기의 색이 월넛 색상의 영향으로 죽어 보이지 않게 하기 위해, 한국의 전통 덧신을 배치함으로써 전통적인 느낌과 함께 색감을 부여하는 역할을 하였다.

03

바쁜 나날들, 대화를 나눌 잠시의 시간을 플레이팅하다.
대화를 위한 현대 전통주 다과 스타일링

저녁 식사 후, 서로에게 소원했던 시간을 해소하기 위해 대화할 수 있는 자리를 만들었다. 평소 즐겨 마셨던 와인이 아닌, 최근 다양한 제품이 많이 나오는 한국의 전통주를 마시며 대화를 하기로 했다.

원목의 테이블을 통해 고풍스러움을 표현했고, 그 위에 파란 색감의 플레이팅을 통해 신선함과 새로움, 밝음을 표현하였다. 그릇 위에 올려진 다과의 색감 또한 대비될 수 있게 하였으며, 고명을 올려 한 번 더 색감을 줌으로써 다과를 강조할 수 있도록 하였다.

나에게 주는 잠깐의 휴식,
멍 때리며 먹는 다과상 스타일링

힘들게만 달려오던 하루를 잠시 멈추고 나에게 주는 잠깐의 휴식 시간. 그저 아무 생각 없이 차 위에 띄어 놓은 색색의 고명들이 빙빙 돌아가는 것을 바라보며 잠시 생각을 멈춘다.

어두운 색감의 배경 위로 올려진 화이트 톤 그릇과 컵을 통해 음식이 돋보일 수 있도록 하였고 도자기 질감 위에 담긴 오방색 다과와 고명들이 정갈함과 색감을 강조시켜 음식에 포커싱을 맞춘 스타일링이라고 할 수 있겠다.

미식테이블, 마지막 마무리는 한국 디저트로.
코스 마무리 스타일링

저희 미식테이블 식당에 방문해주신 손님께 다양한 퓨전 요리를 코스로 맛보여 드렸습니다. 마지막 입가심은 한국의 전통 디저트를 담았지만, 식기는 유리와 파란색 톤의 색감을 배치하여 스타일링과 음식의 퓨전을 담았습니다.

우드 테이블 위에 화이트 컬러 식기를 아웃포커싱으로 두어 밋밋함을 줄였고, 하얀색 린넨을 통해 중간에 포커싱을 맞추었다. 린넨과 그릇의 색감을 매치시켜 음식의 포커싱을 줄이고, 양 사이드로 센터 피스와 젓가락 식기에 색감을 살려 음식과 스타일링을 함께 즐기며 볼 수 있도록 배치하였다.

기쁨의 피로연, 달콤하기도,
담백하기도 한 디저트를 담았어요. 피로연 다과 스타일링

마지막까지 축하해주신 모든 분들께 감사의 말씀을 올립니다. 사람은 어릴 적에는 자극적인 달콤함이, 나이가 들어서는 자극이 덜한 담백함에 끌리기 마련입니다. 인생 또한 달콤할 때도, 담백할 때도 있는 법이지요. 그 마음을 디저트에 담았습니다.

깔끔함을 담은 화이트 톤 배경과 린넨을 통해 시선이 테이블에만 가지 않도록 했다(피로연 주인공들에게 시선이 가도록). 투명 글라스 플레이트를 통해 그릇에 담긴 음식과 음식의 의미가 돋보일 수 있도록 했다.

색다른 다과를 준비해보고 싶은 연인의 마음,
사랑의 디저트 스타일링

가끔 당이 필요하다던 연인에게 마카롱이나 케이크를 선물했던 나이다. 한 번쯤은 색다른 디저트를 통해 이벤트를 해주고 싶었기에 오랜 시간과 정성을 표현할 수 있는 디저트를 준비해 담아 보았다.

평소 한식을 좋아하는 연인에게는 또 하나의 추억으로 남을 것이다. 식탁 위가 돋보일 수 있는 블랙 톤의 테이블보와 플레이팅을 돋보이게 하는 하얀색 테이블보를 깔았다. 그 위에 정렬과 사랑을 표현하는 빨간 톤의 식기를 사용하였고, 붉은 기가 있는 약밥의 색감이 레드 톤의 플레이팅에 묻혀보이는 것을 방지하기 위해 중간이 투명색인 접시를 선택하여 음식의 색감을 살렸다.

수영 후 잠시 허기를 달래기 위한 다과 스타일링

무더운 여름, 가족이 다 함께 수영장을 찾았다. 아이들은 신이 나 뛰어놀고 있으나 부모는 잠시 휴식이 필요하다. 뛰어 노는 아이들이 보이는 테라스에 비치된 테이블에 허기를 달래줄 간단한 다과를 올렸다.

바다색을 담은 색과 유리 질감의 그릇을 통해 시원한 느낌을 준다. 간단한 다과를 큰 그릇에 담게 되면 테이블에 차린 것이 부족해 보이는 느낌을 주게 된다. 큰 파란 색감의 그릇 안에 작은 유리그릇을 담아 꽃 모양을 형상하는 느낌을 주며, 빨간 빛의 다과가 파란빛에 대비되는 것을 보완하기 위해 투명한 그릇을 통해 소량의 다과가 돋보일 수 있게 하였다.

09

V.I.P.를 위한 고품격 명품 한식 디저트 스타일링

평소 존경하던 멘토님이 방문하셨다. 언제나 도움을 받기만 하던 마음을 어떻게 표현할까 하다가 잠시 시간 내어 방문해 주신 멘토님께 작은 대접을 하려고 준비했다.

고풍을 더하는 우디 계열의 테이블과 배경을 배치하고, 한국적 모양을 담은 무늬를 가지고 있지만 옛스러움에 치우침을 방지하기 위한 실크 계열 블루 톤과 금빛 색감을 사이드에 둘러 고급진 느낌을 풍기게 했다.

또한, 중간에 투명한 질감의 그릇 위에 올려진 화전의 색이 죽어 보이지 않게 하기 위해 깔끔하지만 투시도를 줄인 망사형태의 화이트 린넨을 깔아 정성이 담긴 음식에 시선이 분산되지 않도록 하였다.

10

도구 사용이 서툰 우리 아이들을 위한 한입 디저트 스타일링

한창 성장할 아이들, 먹는 양이 많지는 않지만 자주 배고프다는 말을 한다. 그런 아이들에게 간식을 주기에는 에너지를 쓸 수 있음과 동시에 잘 먹을 수 있는 한식 디저트가 딱이다.

아직 도구 사용에 서툰 아이들에게는 손으로 집어 먹을 수 있는 한입 디저트가 아이들의 촉감 발달에도 좋지 않을까. 한 눈에 들어오는 넓은 그릇에 한입 디저트를 다양하게 준비했다. 아이들이 따로 담아 먹을 수 있는 앞접시를 준비하여 아웃포커싱에 배치함으로써 스타일링에 의미를 더했고, 높은 유리컵 잔을 통해 높낮이를 표현함으로써 배치의 풍부함을 더했다.

작게 열린 전시회, 간단한 다과를 대접합니다.
전시회 다과 스타일링

그동안 취미로 시작했던 작품들을 모아 작게 작품전을 열 기회가 생겼다. 주변 지인들만 참여하는 작은 전시회이지만 귀한 자리를 해준 지인들에게 조그맣게나마 다과를 준비하기로 했다. 너무 무겁지도, 가볍지도 않고, 간단하게 먹을 수 있는 그런 다과로 말이다.

어두운 배경 속 자연광을 함께 담아 자연스럽게 배치된 구도를 보여주며, 손잡이가 달린 은빛 쟁반을 이용해 이동이 가능하면서 고급스럽고 대접한다는 느낌을 줄 수 있는 플레이트를 사용하였다.

할머니께 듣는 옛이야기,
그 이야기 오랫동안 듣고 싶어 준비한 다과 스타일링

오랜만에 찾은 할머니 댁, 어릴 적에 부모님을 따라 자주 방문했지만, 성인이 되고 난 후 바쁘다는 핑계 아닌 핑계로 자주 방문하지 못했다. 언제나 웃으며 꽉 껴안아 주시던 할머니의 커다란 품이 어느새인가 작고 왜소해진 모습이 되어 버렸다. 할머니 곁에 떨어지지 않고 계속 대화하고 싶은 오늘, 허기질 것을 대비해 달달한 다과를 준비했다.

정겨움이 담긴 한국적 분위기의 배경은 할머니를 뜻하며, 그 위에 올려진 화사한 무늬의 파스텔 톤 접시와 꽃병이 현대사회를 살고 있는 손자를 뜻하는 것으로 보이도록 했다. 원목 반상 위에 올려진 금띠를 두른 파스텔 톤 접시가 분리되어 보이지 않도록 화이트 톤 테이블 매트를 깔아주었으며, 호두곶감말이, 오미자 양갱 등의 퓨전 한국 디저트를 올려줌으로써 그 의미를 더 부각시키도록 하였다.

강아지가 뛰어노는 것을 기다리며,
자연을 즐기는 다과 스타일링

반려견들이 오랜만에 신이 났다. 해가 쨍쨍하던 날씨에 산책을 힘들어 했고, 며칠 간은 계속 비가 오면서 산책을 나가지 못했다. 오늘은 해가 가려진 날씨에 비가 오지 않아 선선한 날이다. 오랜만에 함께 산책을 나갔더니 신나서 뛰어노는 강아지들을 보며 집에 빨리 갈 수가 없었다. 마음껏 놀 수 있는 시간을 주기 위해 간단한 다과를 챙겨 마당에 자리를 폈다.

아시아풍 배경에 어울리는 소반을 배치하고, 그 위에 도자기 질감의 그릇을 셋팅 하였다. 그 안에 서브 그릇을 셋팅해 다과를 올림으로써 플레이팅 높이 조절을 통해 입체감을 주었고, 다과에 포커싱이 될 수 있도록 하였다.

14

정원에서 친구들과 와인 한잔,
그리고 함께 즐기는 다과 스타일링

저녁을 먹기 전, 주말에 친구들과 모여 식전주를 통해 허기를 살짝 달래기로 했다. 햇살이 좋은 날이라 자신의 잔을 들고 연못 앞에 돗자리를 깔고, 큰 바위를 테이블 삼아 이런 저런 대화를 하며 시간을 보낸다.

바위를 이용한 테이블 셋팅으로 자연적인 분위기를 연출하였으며, 투명감이 높은 그릇과 풀과 꽃을 형상하는 초록색, 로즈색 색감이 이러한 분위기를 강조시킬 수 있게 하였다.

자연 속에서 요가하다. 힐링과 함께 즐기는 다과 스타일링

일에 지친 나에게 힐링을 줄 수 있는 시간이다. 바로 주말 아침에 정원에서 하는 요가. 공복에 새 소리와 함께 스트레칭과 요가를 한 후 명상과 함께 잠깐의 달콤함을 주는 간단한 다과는, 그 다음 주를 또 다시 이겨낼 수 있는 힘을 주는 시간이다.

자연을 표현하는 배경과 비에 젖은 듯한 바위가 새벽의 느낌을 주며, 그릇 형태의 바위 모양의 중심에 포커싱을 줌으로써 메인 플레이트를 강조시키는 역할을 하게 한다. 화려한 무늬에 접시가 다소 톤 다운 되어 보일 수 있는 구조를 방지하며, 밋밋하지 않도록 꽃모양의 고명을 함께 올렸다.

16

가드닝 후 잠깐의 휴식,
떨어진 기력을 다시 보충할 견과 다과 스타일링

겨울이 지나고, 여름이 되면서 잡초가 자라고, 꽃들이 죽은 정원을 가드닝을 통해 새롭게 만들고자 한다. 평소 키우고 싶었던 꽃들과 작은 허브들을 심었다. 이른 아침부터 낮 해가 뉘엿뉘엿 저물어갈 때까지 계속되는 가드닝에 기력이 많이 떨어지는 지금, 다과를 통해 보충할 시간이 필요하다.

다리가 있는 소반을 통해 입체감을 주며, 유리 질감과 두께감이 있는 그릇을 사용함으로써 작은 음식도 강조할 수 있는 배치를 만들어 내었다. 지방질의 견과류를 당에 버무린 고칼로리 음식이면서, 씹힘성이 있는 음식이 건강함과 기력을 찾을 수 있는 느낌을 주도록 만들었다.

아침 산책, 특별한 조식,
한식 다과와 함께 즐기는 아이스커피 다과 스타일링

선선한 하루, 생각을 정리하기 위해서는 걷는 것만큼 좋은 것이 없다. 복잡했던 생각들을 천천히 걸으면서 생각을 정리하고 돌아와 달콤한 간식과 함께 아이스커피로 하루를 깨운다.

자연을 표현하는 배경, 중심 사선으로 포커싱을 맞추어 안정감을 주었고, 무채색톤의 그릇을 사용하여 음식에 집중이 갈 수 있도록 하였으며, 음식 중간에 고명을 올려 입체감을 느낄 수 있는 구조로 배치하였다.

전통이 담긴

한국 디저트

01 오란다

재료

오란다(퍼핑콩) 100g, 흑설탕 70g, 백설탕 20g, 물엿 60g, 버터 5g, 견과류 20g

만드는 법

① 팬에 버터와 설탕, 물엿을 올려 녹여 시럽을 만든다.

② 퍼핑콩은 알알이 뗀다.

③ 시럽이 끓으면 퍼핑콩과 견과류를 넣고 주걱으로 살살 섞는다.

④ 퍼핑콩에 시럽이 모두 묻으면 비닐을 감싼 네모틀 안에 넣는다.

⑤ 모양이 편편한 네모가 될 수 있도록 유산지를 위에 깔아 손으로 꾹꾹 누른다.

⑥ 식혀 굳힌다.

⑦ 굳으면 먹기 좋은 크기로 자른다.

02 식혜

재료

엿기름 90g, 멥쌀가루 70g, 물 1.5L, 생강 10g, 잣 4g, 설탕 90g,

만드는 법

① 엿기름과 쌀을 물에 풀어 불린다.

② 1시간 이상 불려둔 엿기름을 고루 주물러 체에 거른다.

③ 체에 거른 엿기름 물은 앙금이 가라앉을 때까지 기다린다.

④ 아래 앙금은 버리고, 위에 엿기름 물만 준비한다.

⑤ 불린 쌀은 젖은 면보에 감싸 찜기로 1시간 동안 쪄서 고두밥을 만든다.

⑥ 맑은 엿기름 물을 약불로 데워준 후 고두밥을 넣고 밥솥 보온 기능으로 6시간 삭힌다.

⑦ 밥알이 떠오르면 밥알만 건져 찬물에 헹궈 준비한다.

⑧ 삭힌 엿기름 물에 생강, 설탕을 넣고 20분간 약불에서 끓여 식혜를 만든다.

⑨ 식혜를 면보에 밭쳐 맑은 물을 걸러낸 후 밥알을 섞어 완성한다.

03 보리수단

재료

오미자 30g, 물 3L, 청포묵 가루 60g, 보리 10g, 꿀 20g, 잣 3g

만드는 법

① 오미자를 깨끗이 씻은 후 24시간 동안 찬물에 담궈 오미자 물을 우린다.

② 우려진 오미자 물은 면보에 거른다.

③ 보리를 깨끗하게 씻은 후 20분간 끓이고, 찬물에 헹궈 식힌다.

④ 헹군 보리를 체에 받쳐 물기를 제거한다.

⑤ 물기를 제거한 보리에 전분을 묻히고 덧가루를 살살 턴다.

⑥ 냄비에 물을 끓여준 후 전분이 묻은 보리를 넣어 3분간 삶아 준 후 찬물에 식히는 과정을 3번 반복한다.

⑦ 오미자 물에 꿀을 넣어 고루 섞은 후 6과 잣을 띄어 완성한다.

04 창면

재료

오미자 30g, 물 400L, 녹두 전분 30g, 소금 2g, 꿀 20g

만드는 법

① 오미자는 잘 씻어준 후 찬물에 담궈 오미자 물을 만든다.

② 녹두 전분을 물에 잘 섞어 개어준 후 체에 내린다.

③ 네모난 틀 접시에 개어준 녹두 전분을 얇게 펼쳐 담는다.

④ 끓는 물에 2.를 올려 익히다가 색이 투명해지면 접시 안에 끓는 물을 넣어 완전히 익힌다.

⑤ 익힌 녹두 전분은 찬물에 담궈 식혀준 후 면을 떼어 면처럼 자른다.

⑥ 오미자 물에 꿀과 소금을 섞어 간을 해준 후 녹두 면을 넣는다.

05 대추탕

재료

건대추 200g, 배 1/2개, 생강 30g, 설탕 100g, 물 2L, 잣 3g

만드는 법

① 대추는 식초를 이용해 깨끗하게 세척한다.

② 배와 생강은 껍질을 제거한 후 깨끗하게 손질하여 먹기 좋은 크기로 썬다.

③ 냄비에 대추와 배, 생강을 넣고 대추가 무를 때까지 끓인다..

④ 건더기를 체에 건진 후 생강을 건져내고 꾹꾹 눌러 즙을 낸다.

⑤ 즙을 낸 냄비에 설탕을 넣어준 후 살짝 끓여 녹인다.

⑥ 즙이 가라앉지 않도록 고루 섞어준 후 컵에 담아 잣과 함께 띄어 완성한다.

06 대추차

재료

건대추 100g, 생강 15g, 물 3L

만드는 법

① 건대추는 식초를 이용해 깨끗하게 씻어 준비한다.

② 생강 껍질을 제거한 후 얇게 편 썰어 준비한다.

③ 대추 2알은 고명으로 뺀다.

④ 냄비에 물을 넣고 대추와 생강과 함께 넣고 뭉근하게 끓인다.

⑤ 대추가 무르면 체로 건져 으깨듯 살짝 눌러 과육에 스며든 국물을 짠다.

⑥ 고명으로 준비한 대추는 돌려깍아 씨를 제거하고, 돌돌 말아 꽃 모양으로 만든 후 완성된 대추차에 띄운다.

07 생강차

재료

생강 200g, 설탕 100g, 통계피 30g, 물 1L

만드는 법

① 생강 껍질을 제거한 후 깨끗이 씻어 준비한다.

② 생강은 얇게 편 썰어 준비한다.

③ 냄비에 생강과 물을 넣고 20분간 끓인 후 첫 물을 버린다.

④ 다시 냄비에 물과 데친 생강을 넣고 통계피, 설탕과 함께 끓인다.

⑤ 면보에 생강을 거른 후 식힌다.

08 오미갈수

재료

오미자 30g, 물 4L, 녹두 30g, 꿀 80g

만드는 법

① 오미자를 깨끗하게 씻은 후 찬물에 담궈 오미자물을 24시간 동안 우린다.

② 녹두를 담궈 물에 불려 준비한다.

③ 우린 오미자는 면보에 걸러 오미자 물을 만든다.

④ 불린 녹두는 믹서에 갈아 면보에 걸러 녹두즙을 만든다.

⑤ 냄비에 우린 오미자와 녹두즙을 함께 넣고 끓인다.

⑥ 냄비가 끓어오르면 약불로 줄인 후 뭉근하게 끓인다.

⑦ 어느 정도 걸쭉해지면 꿀을 섞은 후 불을 끄고 식힌다.

⑧ 찬물에 타서 마신다.

09 배숙

재료

배 1개, 물 1.5L, 생강 40g, 흑설탕 20g, 흰설탕 50g, 통후추 30g

만드는 법

① 배를 12조각으로 나누어 껍질과 씨를 제거하고 모서리를 깎아 설탕물에 담궈 준비한다.

② 생강은 껍질을 제거한 후 얇게 편 썬다.

③ 냄비에 물과 편 썬 생강을 넣고 중불에서 20분간 끓인다.

④ 배는 젓가락으로 구멍을 3군데 낸 후 구멍에 통후추를 넣는다.

⑤ 생강물이 끓으면 생강을 제거한 후 배와 설탕을 넣고 약불에서 배가 투명해질 때까지 끓인다.

10 봉수탕

재료

호두 50g, 잣 30g, 꿀 40g

만드는 법

① 물을 끓인다.

② 끓는 물은 호두에 넣어 불린다.

③ 꼬치를 이용해 불린 호두의 껍질을 모두 벗긴다.

④ 잣은 꼬깔을 떼어 준비한다.

⑤ 껍질을 제거한 호두와 잣은 고루 다진다.

⑥ 잣은 키친타월로 기름기를 제거한다.

⑦ 다진 호두와 잣, 꿀을 넣고 고루 섞은 후 재워두었다가 뜨거운 물에 3스푼 타서 봉수탕을 완성한다.

11 깨강정

재료

깨 200g, 설탕 15g, 물엿 180g, 식용유 3g, 소금 1g

만드는 법

① 깨는 마른 팬에 살짝 볶아 식힌다.

② 물엿과 설탕, 소금을 웍에 넣어 녹을 때까지 끓인다.

③ 시럽의 기포가 작아지면 볶은 깨를 넣고 고루 섞이도록 잘 젓는다.

④ 실리콘 패드나 비닐을 깔고 식용유를 발라준 후 깨강정을 틀에 붓는다.

⑤ 틀에 맞추어 눌러가며 크기를 맞추어준 후 냉동실에 2분간 식힌다.

⑥ 완전히 식기 전에 꺼내어 칼로 자른다.

12 조란

재료

대추 50g, 설탕 30g, 꿀 15g, 물엿 10g, 계핏가루 1g, 소금 1g, 잣 5g

만드는 법

① 대추를 깨끗하게 씻은 후 행주로 닦는다.

② 대추는 돌려깎기 후 씨를 제거해 준 다음 설탕과 함께 곱게 다진다.

③ 다진 대추는 면보에 감싸 김이 오른 찜기에 10분 동안 찐다.

④ 찐 대추에 계핏가루, 꿀, 물엿, 소금을 넣고 섞어준 후 고루 치대 반죽한다.

⑤ 반죽을 소량씩 떼어 대추 모양으로 빚고 통잣을 꼭지에 반 정도 박아 모양을 만든다.

13 쌍화탕

재료

작약 10g, 황기 10g, 당귀 10g, 천궁 10g, 계피 10g, 감초 10g, 대추 10g, 생강 10g, 물 2L, 잣 3g

만드는 법

① 각 재료는 흐르는 물에 씻는다.

② 냄비에 물과 함께 넣어 뚜껑을 닫고 센 불로 1시간 동안 푹 끓인다.

③ 소량의 대추는 씨를 제거하고 돌돌 말아 꽃을 만든다.

④ 잣과 함께 띄운다.

14 콩가루 설기

재료

멥쌀가루 1kg, 물 80g, 설탕 80g, 콩가루 100g, 소금 1g

만드는 법

① 찜기를 올린다.

② 쌀가루에 물과 소금을 살짝 넣고 비빈다.

③ 쌀가루를 체에 두 번 내린 후 설탕과 함께 고루 섞는다.

④ 김이 오른 찜기에 시루밑을 깔고 쌀가루를 안친 후 윗면을 스크래퍼로 편편하게 만든다.

⑤ 위에 콩가루를 안친다.

⑥ 20분간 찐 후 5분 뜸 들인다.

15 백설기

재료

멥쌀가루 500g, 물 40g, 설탕 40g, 대추 10g

만드는 법

① 물솥을 끓인다.

② 쌀가루에 물을 넣어 비벼가며 수분을 준다.

③ 체에 두 번 내려준 후 설탕을 넣어 섞는다.

④ 찜기에 무스링을 올려 쌀가루를 안친 후 스크래퍼로 정리한다.

⑤ 쌀가루 위에 꽃을 만들 대추를 올려 장식한 후 김이 오른 찜기에 올려 20분간 찐 후 5분 뜸 들인다.

16 가래떡

재료

쌀 1kg, 소금 10g

만드는 법

① 쌀을 깨끗하게 씻은 후 반나절 동안 불린다.

② 쌀알이 투명해지면 찬물에 몇 번 씻은 후 체에 받쳐 1시간 동안 물기를 제거한다.

③ 물기를 제거한 쌀을 김이 오른 찜기에 젖은 면보를 깔고 쌀을 올려 고두밥을 만든다.

④ 강불로 10분간 찐 후 약불로 줄여 1시간 동안 찐다.

⑤ 뚜껑을 열어 쌀을 한 번 뒤집어 준 후 찬물을 한 번 뿌려 다시 강불에 10분을 더 찐다.

⑥ 20분간 뜸들인다.

⑦ 소금물을 묻힌 방망이를 이용하여 고루 치댄다.

⑧ 먹기 좋은 크기로 소분한 후 길게 가래떡 모양으로 만든다.

17 쑥송편

재료

멥쌀가루 100g, 뜨거운 물 100g, 쑥 20g, 소금 1g, 녹두고물 100g, 설탕 15g, 참기름 10g

만드는 법

① 물을 끓인 후 쑥을 데쳐준다.

② 데친 쑥은 믹서에 갈아 준비한다.

③ 쌀가루에 쑥을 넣고 소금과 뜨거운 물을 넣어 익반죽한다.

④ 반죽은 비닐에 싸서 숙성시킨다.

⑤ 녹두 고물에 설탕을 넣고 섞은 후 소분한다.

⑥ 숙성시킨 반죽을 소분한 그릇 모양으로 만들어 소를 넣고 가장자리를 눌러 빚는다.

⑦ 김이 오른 찜기에 시루밑을 깐 후 20분간 찌고 5분 뜸들인다.

⑧ 참기름을 발라 마무리한다.

18 수수부꾸미

재료

수숫가루 200g, 습식 찹쌀가루 100g, 뜨거운 물 50ml, 설탕 70g, 식용유 10g, 앙금 150g, 대추 8g, 쑥갓잎 5g

만드는 법

① 대추는 깨끗하게 손질한 후 돌려 깎아 씨를 제거하고 돌돌 말아 썰어 대추꽃을 만든다.

② 쑥갓은 작은 잎만 떼어 준비한다.

③ 수숫가루와 찹쌀가루를 섞어 물로 반죽한다.

④ 반죽은 20g씩 떼어 동그랗게 만든 후 손바닥으로 눌러 납작하게 만든다.

⑤ 기름을 두른 팬에 반죽을 지져 양면 모두 익힌다.

⑥ 그릇에 설탕을 깔고 그 위에 반죽을 올린다.

⑦ 반죽의 1/3 지점에 소를 넣고 반으로 접어 가장자리를 누른다.

⑧ 지진 부꾸미에 대추꽃과 쑥갓잎을 올린다.

19 팥시루떡

재료

멥쌀가루 600g, 찹쌀가루 100g, 설탕 100g, 물 50ml, 붉은팥 200g, 소금 5g

만드는 법

① 붉은 팥은 물과 함께 팔팔 끓인 후 물을 버리는 과정을 3번 반복해 쓴맛을 제거한다.

② 팥이 으깨질 정도로 끓으면 물을 제거하고 1/2정도 으깬다.

③ ②에 설탕 50g과 소금을 넣고 냄비에 넣어 살짝 볶아 팥고물을 만든다.

④ 만들어진 팥고물은 넓게 펼쳐 식힌다.

⑤ 멥쌀가루와 찹쌀가루는 물과 함께 섞어 체에 내린다.

⑥ 체에 내린 쌀가루에 설탕을 넣는다.

⑦ 찜기에 젖은 면보를 깐 후 사각 틀을 올린다.

⑧ 사각 틀에 쌀가루 → 팥고물 순으로 올려준 후 찜기에 20분간 찌고 5분 뜸들인다.

20 쑥버무리

재료

멥쌀가루 500g, 물 30ml, 설탕 40g, 쑥 40g

만드는 법

① 쑥은 질긴 줄기와 시든 잎을 깨끗하게 다듬어 준비한다.

② 쌀가루에 물을 넣고 비벼 섞은 후 체에 내린다.

③ 쌀가루에 다듬은 쑥과 설탕을 넣고 버무린다.

④ 김이 오른 찜기에 시루 밑을 깐 후 버무리를 한 줌씩 쥐어 올려 20분 찌고 5분 뜸 들인다.

21 구절판

재료

생강편 20g, 계강과 20g, 깨강정 20g, 생율 20g, 대추초 20g, 곶감말이 20g 등

만드는 법

① 구절판 그릇을 깨끗하게 준비한다.

② 각 구역별로 만들어둔 다과를 정갈하게 담는다.

22 생율

재료

밤 100g

만드는 법

① 밤은 겉껍질과 속껍질을 깨끗하게 손질한다.

② 깨끗하게 껍질을 손질한 밤은 모서리를 둥글게 잘라 둥글린다.

23 구름떡

재료

건식 찹쌀가루 200g, 소금 2g, 설탕 20g, 물 80ml, 밤 2개, 대추 10g, 잣 10g, 호두 10g, 흑임자가루 30g

만드는 법

① 쌀가루에 소금을 넣고 물을 넣어 고루 섞어 체에 내린다.

② 밤은 껍질을 제거한 후 6등분한다.

③ 대추는 돌려 깎아 씨를 제거한 후 채 썬다.

④ 잣은 고깔을 제거하고, 호두는 살짝 데쳐 쓴맛을 제거하고 껍질을 벗긴 뒤 6등분한다.

⑤ 쌀가루에 손질한 재료를 모두 넣고 설탕과 함께 가볍게 섞는다.

⑥ 김이 오른 찜기에 젖은 면보를 깔아준 후 ⑤를 올려 20분간 찌고 5분 뜸들인다.

⑦ 뜸들인 반죽은 20g으로 길게 분할하여 흑임자 가루를 묻혀 구름떡 틀에 넣는다.

⑧ 시원한 곳에 1시간 굳힌 뒤 원하는 두께로 썬다.

24 고추부각

재료

풋고추 2kg, 튀김가루 500g

만드는 법

① 풋고추는 깨끗하게 씻어준 후 꼭지를 제거한다.

② 꼭지를 제거한 고추는 반을 갈라 씨를 턴다.

③ 고추에 물기를 제거한 뒤 튀김가루를 뿌려 고루 섞는다.

④ 김이 오른 찜기에 고추를 올린 후 10분간 찐다.

⑤ 쪄준 고추는 5시간 동안 건조기에 말린다.

⑥ 170도 예열된 식용유에 튀긴다.

25 감자떡

재료

밤 200g, 감자전분 400g, 설탕 10g, 소금 10g, 참기름 20g

만드는 법

① 물을 끓인다.

② 밤을 찐 후 속만 파낸 후 체에 내려 준비한다.

③ 감자 전분과 소금 설탕을 함께 섞은 후 익반죽한다.

④ 반죽은 숙성한 후 먹기 좋은 크기로 소분한다.

⑤ 소분한 반죽에 체에 내린 밤을 한입 크기로 만들어 소로 넣어준 후 주먹으로 쥔다.

⑥ 끓는 찜기에 젖은 면보를 깐 후 빚은 떡을 올려 20분간 찐다.

⑦ 떡이 투명해지면 참기름을 고루 바른 후 식힌다.

26 모시송편

재료

건식 멥쌀가루 100g, 뜨거운 물 100g, 모시잎 가루 5g, 소금 1g, 녹두고물 100g, 설탕 15g, 참기름 10g

만드는 법

① 건식 쌀가루와 모시잎 가루를 고루 섞는다.

② 모시잎 가루를 섞은 쌀가루에 소금물과 뜨거운 물을 섞어 익반죽한다.

③ 반죽은 비닐에 싸서 숙성시킨다.

④ 녹두고물에 설탕을 넣고 섞어준 후 20g씩 나누어 소분한다.

⑤ 숙성시킨 반죽을 소분한 그릇 모양으로 만들어 소를 넣고 가장자리를 눌러 빚는다.

⑥ 김이 오른 찜기에 시루밑을 깐 후 20분간 찌고 5분 뜸들인다.

⑦ 참기름을 발라 마무리한다.

27 쑥개떡

재료

쑥 100g, 멥쌀가루 200g, 설탕 20g, 소금 2g, 물 100ml, 참기름 5g

만드는 법

① 물을 끓여 쑥을 살짝 데쳐준 후 찬물에 헹궈 물기를 제거한다.

② 데친 쑥을 다져 준비한다.

③ 멥쌀가루에 소금과 물, 설탕을 넣고 다진 쑥을 함께 넣어 반죽한다.

④ 반죽을 숙성시켜준 후 동그랗고 길게 만들어 먹기 좋은 크기로 자른다.

⑤ 자른 반죽은 손바닥으로 지그시 눌러 납작하게 만든다.

⑥ 김이 오른 찜기에 시루밑을 깐 후 빚은 반죽을 올려 10분간 찐다.

⑦ 찐 쑥개떡을 참기름 바르고 모양틀로 찍어 완성한다.

28 산자

재료

찹쌀 400g, 소금 4g, 청주 30g, 설탕 3g, 식용유 400g, 콩물(흰콩 200g, 물 100ml), 쌀튀밥 300g, 시럽(설탕 30g, 물엿 400ml, 꿀 30g, 생강즙 100ml), 밀가루 100g

만드는 법

① 찹쌀은 물에 일주일간 불려 준비한 후 여러 번 씻어 소금과 함께 빻아 가루로 만든다.

② 콩과 물을 섞어 콩물을 만든다.

③ 찹쌀가루에 청주와 설탕, 식용유, 콩물을 고루 섞는다.

④ 김이 오른 찜기에 ③을 올려 찐 후 소금물을 묻힌 방망이로 고루 치댄다.

⑤ 치댄 반죽은 밀가루를 뿌린 도마 위에 올려 0.4cm 두께로 넓게 민다.

⑥ 4cm 크기로 네모지게 썬 후 수분을 말린다.

⑦ 말린 반죽은 온도가 오른 식용유에 튀겨 부풀도록 한 후 건져 기름을 뺀다.

⑧ 튀긴 산자는 시럽에 담궜다가 튀밥에 묻힌다.

29 찰흑미떡

재료

찰흑미 500g, 설탕 50g, 소금 5g, 녹두 고물 200g, 참기름 5g

만드는 법

① 찰흑미는 반나절 동안 따뜻한 물에 불려 준비한 후 체에 밭쳐 물기를 제거한다.

② 찰흑미를 갈아준 후 설탕과 소금을 넣고 고루 섞는다.

③ 김이 오른 찜기에 젖은 면 보를 깐 후 흑미 가루를 올려 20분간 찌고 5분 뜸 들인다.

④ 뜸 들인 떡은 얇게 민다.

⑤ 참기름을 살짝 바른 후 녹두 고물을 묻혀 먹기 좋은 크기로 자른다.

30 계강과

재료

찹쌀가루 100g, 메밀가루 70g, 소금 2g, 설탕 5g, 계핏가루 2g, 생강 25g, 잣가루 40g

만드는 법

① 생강 껍질을 제거한 후 믹서로 곱게 갈아 즙과 건지를 분리한다.

② 물을 끓인다.

③ 찹쌀가루와 메밀가루, 생강건지, 계핏가루, 설탕, 소금을 고루 섞어 익반죽한 후 숙성시킨다.

④ 반죽을 10g씩 떼어 소분한 후 세 갈래 뿔이 난 생강 모양으로 빚는다.

⑤ 김이 오른 찜기에 젖은 면보를 깔아준 후 20분간 찐다.

⑥ 익은 떡은 기름 두른 팬에 다시 한 번 더 지져낸다.

⑦ 잣은 고깔을 제거한 후 다진다.

⑧ 지져낸 떡에 꿀을 바른 후 잣가루를 묻힌다.

31 잣구리

재료

찹쌀가루 200g, 차조가루 100g, 끓는 물 50g, 소금 2g, 잣 150g, 밤 5개, 꿀 10g, 계핏가루 3g

만드는 법

① 밤을 끓는 물에 넣어 푹 익힌다.

② 익힌 밤은 소만 파낸 후 꿀과 계핏가루와 함께 섞어 은행알 크기의 소를 만든다.

③ 잣은 고깔을 제거한 후 다진다.

④ 물을 올려 끓인다.

⑤ 차조가루와 찹쌀가루에 소금을 넣고 체에 내린 후 익반죽한다.

⑥ 반죽을 일정한 크기로 분할한 후 소를 넣고 둥글게 만든다.

⑦ 젓가락이나 꼬치를 이용해 가운데를 눌러 굴려가며 땅콩 모양으로 만든다.

⑧ 끓는 물에 삶아준 후 떡이 떠오르면 얼음물에 식힌다.

⑨ 준비한 잣가루에 고루 묻힌다.

32 육포

재료

소고기(홍두깨살) 500g, 간장 200ml, 물 150ml, 정종 150ml, 설탕 70g, 생강가루 5g, 양파 1/2개, 통후추 20g, 월계수잎 5장

만드는 법

① 소고기는 8mm 두께로 잘라 물에 담궈 핏물을 제거한다.

② 팬에 간장, 정종, 물, 설탕, 생강가루, 통후추, 월계수를 함께 넣고 5분간 끓인다.

③ 끓인 양념장은 불을 끄고 식힌다.

④ 핏물을 제거한 소고기는 깨끗하게 헹궈준 후 물기를 제거한다.

⑤ 식힌 양념장은 체에 거른다.

⑥ 양념장에 소고기를 한 장씩 적셔 넣어 6시간 동안 냉장고에 보관한다.

⑦ 건조기에서 70도 6시간 동안 건조한다.

33 콩깨볶음

재료

검은콩 2kg, 검은깨 1kg, 설탕 500g, 꿀 60g

만드는 법

① 검은콩은 미리 물에 반나절 동안 불려 준비한다.

② 불린 콩은 물기를 제거한 후 팬에 볶는다.

③ 팬에 설탕과 꿀을 넣어 시럽 코팅을 한다.

④ 콩을 깨에 굴려 콩깨볶음을 완성한다.

SNS 인기
한국 디저트

01 김부각

재료

김 5장, 물 100ml, 찹쌀가루 20g, 소금 2g, 식용유 400g, 통깨 50g

만드는 법

① 냄비에 물과 찹쌀가루를 넣어 끓여 찹쌀풀을 만든 후 식힌다.

② 김은 먹기 좋은 크기로 자른다.

③ 조리붓을 이용해 식은 찹쌀풀을 김에 발라 1장 크기만큼 서로 붙인다.

④ 김 위에 통깨를 뿌린다.

⑤ 건조기에 말린다.

⑥ 말린 김을 온도가 오른 기름에 한 번 튀긴다.

02 곶감 수정과

재료

물 2L, 흑설탕 100g, 통계피 40g, 생강 60g, 대추 7개, 곶감 2개, 호두 4개

만드는 법

① 생강은 깨끗하게 손질한 후 얇게 편 썰어 준비한다.

② 냄비에 물과 깨끗하게 씻은 계피, 편 썬 생강, 대추를 넣고 센 불에서 끓이다가 물이 끓어오르면 중불로 30분간 끓인다.

③ 냄비에 흑설탕을 넣어 살짝 끓인 후 불을 끄고 면보에 거른다.

④ 곶감은 칼집을 내 길게 펼쳐준 후 호두를 넣고 돌돌 말아 곶감말이를 만든다.

⑤ 곶감말이를 편 썰어준 후 수정과에 띄운다.

03 원소병

재료

건식찹쌀가루 40g, 뜨거운 물 20ml, 소금 1g, 청치자가루 3g, 황치자가루 3g, 녹말가루 20g, 대추 10g, 유자청 15g, 계핏가루 1g, 물 400ml, 꿀 40g, 설탕 15g

만드는 법

① 냄비에 물과 꿀, 설탕을 넣고 끓여 꿀물을 만든다.

② 대추는 씨를 제거한 후 유자청과 함께 다져 준비한다.

③ 다진 대추와 유자청과 함께 계핏가루를 섞고 3g씩 소를 둥글게 소분한다.

④ 찹쌀가루에 소금을 넣고 체에 친 후 3등분해 청치자, 황치자가루를 섞어 익반죽한다.

⑤ 반죽을 8g씩 소분해 준 후 소를 넣어 동그랗게 만든다.

⑥ 동그랗게 만든 반죽에 녹말가루를 입힌 후 끓는 물에 삶아 찬물에 식힌다.

⑦ 꿀물에 떡을 넣어 먹는다.

04 절편

재료

습식 멥쌀가루 100g, 소금 1g, 물 20ml, 팥앙금 50g, 참기름 4g

만드는 법

① 쌀가루와 소금을 섞고 물을 섞어 비벼준 후 체에 내린다.

② 김이 오른 찜기에 시루밑을 깔고 설탕을 뿌린 후 쌀가루를 넣어 20분간 찐다.

③ 다 찐 떡은 물을 바른 후 뜨거울 때 꺼내 표면이 매끄러워질 때까지 잘 친다

④ 떡에 소를 넣은 후 길게 밀어 먹기 좋은 모양으로 자른다.

⑤ 떡살에 참기름을 발라 문양을 찍는다.

05 꽃다식

재료

노란색 반죽(멥쌀가루 50g, 소금 1g, 꿀 30g, 조청 60g, 참기름 5g, 치자가루 3g)

붉은색 반죽(멥쌀가루 50g, 소금 1g, 꿀 30g, 조청 60g, 참기름 5g, 백년초가루 3g)

검정색 반죽(멥쌀가루 50g, 소금 1g, 꿀 30g, 조청 60g, 참기름 5g, 흑임자가루 3g)

만드는 법

① 멥쌀가루에 꿀과 조청 그리고 각각의 색가루를 넣어 반죽한다.

② 다식판에 비닐 랩을 씌운다.

③ 반죽을 색색이 넣어 꾹꾹 눌러 모양을 만든 후 랩을 당겨 다식을 꺼낸다.

06 딸기, 커피설기

재료

멥쌀가루 200g, 소금 2g, 물 20ml, 설탕 25g, 물 100ml, 딸기가루 3g, 딸기잼 50g, 커피가루 3g

만드는 법

① 멥쌀가루와 소금, 물 그리고 딸기가루와 물에 풀어준 커피가루를 각각 넣고 고루 섞는다.

② 쌀가루를 체에 내린 후 설탕을 넣어 섞는다.

③ 김이 오른 찜기에 시루밑을 깔아준 후 원형 무스링을 올린다.

④ 딸기쌀가루와 딸기잼, 커피쌀가루를 켜켜이 올려 쌓는다.

⑤ 20분 찐 후 5분 뜸들인다.

07 배꿀단지

재료

배 1개, 대추 10g, 통후추 10g, 생강 20g, 꿀 20g

만드는 법

① 배 꼭지가 있는 윗부분을 자른다.

② 숟가락을 이용해 배 과육과 씨를 파내어 씨는 제거하고, 과육은 모은다.

③ 대추는 돌려깎은 후 얇게 채 썬다.

④ 생강은 껍질을 제거한 후 얇게 채 썬다.

⑤ 배 과육과 대추, 생강을 꿀과 함께 버무려 준비한다.

⑥ 배에 ⑤를 넣고 뚜껑을 덮어 김이 오른 찜기에 30분간 찐다.

08 감송편

재료

습식 멥쌀가루 300g, 치자가루 2g, 비트가루 2g, 설탕 45g, 뜨거운 물 90ml, 쑥가루 2g, 설탕 10g, 깨 50g, 흑설탕 30g, 꿀 50g, 볶은 콩가루 10g, 소금 1g

만드는 법

① 깨를 곱게 빻은 후 흑설탕과 꿀, 볶은 콩가루, 소금과 함께 섞어 깨소를 만든다.

② 물을 끓인다.

③ 멥쌀 250g에 소금과 치자가루, 비트가루, 설탕을 넣고 섞은 후 체에 내린다.

④ 체에 내린 쌀가루를 익반죽한 후 20g씩 소분한다.

⑤ 반죽을 둥글린 후 접시모양으로 만들어 깨소를 넣고 오무려 둥글린다.

⑥ 남은 멥쌀가루와 쑥가루, 설탕과 뜨거운 물을 섞어 익반죽한다.

⑦ 반죽을 밀대로 민 후 꽃모양 틀로 찍어 꼭지를 만든다.

⑧ 깨소를 넣은 반죽 위에 감꼭지를 올려 꼬지로 눌러 고정시킨다.

⑨ 김이오른 찜기에 시루밑을 깐 후 반죽을 올려 15분간 찐다.

09 꽃송편

재료

하얀색(멥쌀가루 200g, 뜨거운물 30ml)

노란색(멥쌀가루 200g, 뜨거운물 30m, 단호박가루 5g)

빨간색(멥쌀가루 200g, 뜨거운물 30m, 백년초가루 5g)

깨소(볶은 깨 100g, 황설탕 30g, 콩가루 25g, 꿀 10g), 식용유 10g, 참기름 5g

만드는 법

① 볶은 깨를 절구를 이용해 으깨준 후 황설탕, 콩가루, 꿀을 넣고 소를 만든다.

② 쌀가루는 각각 멥쌀과 천연가루와 함께 섞어준 후 익반죽한다.

③ 반죽은 20g으로 소분하여 준다.

④ 반죽에 그릇 모양 홈을 판 후 소를 넣고 오므린다.

⑤ 송편 모양을 낸 후 다른 색의 반죽을 떼어 꽃잎을 만들어 붙인다.

⑥ 김이 오른 찜기에 시루밑을 깔고 20분간 찐다.

⑦ 쪄낸 떡에 식용유와 참기름을 1:1로 섞어 바른다.

10 호박송편

재료

멥쌀가루 100g, 소금 1g, 뜨거운 물 20ml, 호박가루 2g, 참기름, 볶은 참깨 20g, 설탕 10g, 콩가루 10g, 쑥가루 2g

만드는 법

① 볶은 참깨와 설탕, 콩가루를 고루 섞어 소를 만든다.

② 소량을 제외한 모든 멥쌀가루에 소금과 호박가루를 넣고 체에 내린 후 뜨거운 물로 익반죽한다.

③ 반죽을 소분한 후 납작하게 눌러 소를 넣고 공기를 뺀다.

④ 반죽을 둥글린 후 꼬지를 이용해 호박을 8등분하여 줄 모양을 만든다.

⑤ 소량 남은 멥쌀가루는 쑥가루와 함께 익반죽해준 후 꼭지를 만들어 호박 반죽에 붙인다.

⑥ 김이 오른 찜기에 시루밑을 깐 후 20분간 찐다.

⑦ 참기름을 발라 마무리한다.

11 쌈떡

재료

멥쌀가루 300g, 물 45ml, 백년초가루 2g, 호박가루 2g, 쑥가루2g, 앙금100g, 식용유 10g, 참기름 10g, 잣 2g

만드는 법

① 물을 끓인다.

② 쌀가루를 체에 내린 후 익반죽하여 고루 치댄 후 숙성시킨다.

③ 숙성한 반죽은 백년초, 호박, 쑥 가루를 각각 넣어 색을 입힌다.

④ 반죽을 밀대로 밀어 두께 2mm가 되도록 만든다.

⑤ 얇게 민 반죽을 사각틀을 이용해 정사각형으로 자른다.

⑥ 사각형 반죽 위에 앙금을 올린 후 감싸듯 오므려 모양을 잡는다.

⑦ 다른색 반죽을 이용해 꽃모양 틀로 찍어 가운데에 잣과 함께 꽃모양으로 붙인다.

⑧ 김이오른 찜기에 시루밑을 깐 후 20분간 찐다.

⑨ 식용유와 참기름을 발라 마무리한다.

12 녹차 쌀강정

재료

쌀튀밥 400g, 녹차가루 10g, 조청 100g, 식용유 5g

만드는 법

① 팬에 조청을 약불로 녹인다.

② 조청이 녹으면 쌀 튀밥과 녹차가루를 넣고 식용유를 바른 나무주걱을 이용해 고루 섞는다.

③ 유산지를 깐 강정틀에 재료를 올린 후 평평하게 편다.

④ 한 김 식힌 후 먹기 좋은 크기로 잘라 준비한다.

13 백년초 쌀강정

재료

쌀튀밥 400g, 백년초가루 10g, 조청 100g, 식용유 5g

만드는 법

① 팬에 조청을 약불로 녹인다.

② 조청이 녹으면 쌀 튀밥과 백년초가루를 넣고 식용유를 바른 나무주걱을 이용해 고루 섞는다.

③ 유산지를 깐 강정틀에 재료를 올린 후 평평하게 편다.

④ 한 김 식힌 후 먹기 좋은 크기로 잘라 준비한다.

14 흑임자, 백년초 다식

재료

백년초 반죽(멥쌀가루 50g, 소금 1g, 꿀 30g, 조청 60g, 참기름 5g, 백년초가루 3g)

흑임자 반죽(멥쌀가루 50g, 소금 1g, 꿀 30g, 조청 60g, 참기름 5g, 흑임자가루 3g

만드는 법

① 멥쌀가루에 꿀과 조청, 그리고 각각의 색가루를 넣어 반죽한다.

② 다식판에 비닐 랩을 씌운다.

③ 반죽을 색색이 넣어 꾹꾹 눌러 모양을 만든 후 랩을 당겨 다식을 꺼낸다.

마음을 담아 선물하기 좋은

한국 디저트

01 쌀강정

재료

쌀튀밥 400g, 호두 20g, 아몬드 20g, 크렌베리 20g, 조청 100g, 식용유 5g

만드는 법

① 호두와 아몬드는 잘게 다져 준비한다.

② 팬에 조청을 약불로 녹인다.

③ 조청이 녹으면 쌀 튀밥과 다진 호두와 아몬드, 크렌베리를 넣고 식용유를 바른 나무 주걱으로 고루 섞는다.

④ 유산지를 깐 강정틀에 재료를 올린 후 평평하게 편다.

⑤ 한 김 식힌 후 먹기 좋은 크기로 잘라 준비한다.

02 당근정과

재료

당근 100g, 설탕 30g, 물엿 30g, 물 60ml, 꿀 10g, 소금 1g, 검은깨 5g

만드는 법

① 당근은 껍질을 제거한 후 깨끗하게 씻고 얇게 편 썰어 준비한다.

② 편 썬 당근은 꽃 모양의 고명틀을 이용하여 찍는다.

③ 냄비에 소금물을 끓인 후 당근을 살짝 데친 후 찬물에 헹군다.

④ 냄비에 물, 물엿, 설탕을 넣고 당절임을 만들어 준 후 당근을 넣고 약불로 졸인다.

⑤ 당절임이 거의 다 졸여지면 불을 끄고 꿀을 넣어 섞은 후 식힌다.

⑥ 시럽을 체에 걸러 말린 후 검은깨로 장식한다.

03 각색설기

재료

단호박 설기(멥쌀가루 800g, 설탕 70g, 단호박 1개) / 백설기(멥쌀가루 800g, 설탕 70g) / 쑥설기(멥쌀가루 800g, 설탕 70g, 쑥가루 5g) / 흑미설기(멥쌀가루 800g, 설탕 70g, 흑미가루 10g)

만드는 법

[단호박설기]

① 단호박은 2/3는 찜기에 30분 동안 찐 후 씨와 껍질을 제거하여 고루 으깨 퓌레를 만든다.

② 단호박 1/3은 껍질과 씨를 제거하고 얇게 편 썬 후 설탕에 버무려 체에 받쳐 물기를 제거한다.

③ 쌀가루에 단호박 퓌레 1/2를 넣고 섞어준 후 체에 내린 다음 설탕을 넣고 섞는다.

④ 김이 오른 찜기에 시루 밑을 깐 후 쌀가루-퓌레-쌀가루-설탕에 절인 단호박-쌀가루 순으로 켜켜히 쌓은 다음 위를 평평하게 정리한다.

⑤ 20분 찌고 5분 뜸들인다.

[백설기, 쑥설기, 흑미설기]

① 멥쌀가루에 각각 쑥가루, 흑미가루, 물을 섞어 체에 내린다.

② 체에 내린 쌀가루에 설탕을 섞는다.

③ 김이 오른 찜기에 시루밑을 깐 후 모양틀을 올리고 그 안에 쌀가루를 넣어 평평하게 만든다.

④ 20분 찐 후 4분 뜸들인다.

04 약과

재료

중력분 100g, 소금 2g, 후춧가루 0.1g, 참기름 20g, 소주 20g, 식용유 300g, 설탕시럽(설탕 100g, 물 100g, 물엿 10g), 즙청(물엿 100g, 물 100g, 소금 1g, 계핏가루 1g, 생강즙 1g)

만드는 법

① 밀가루에 소금과 후춧가루, 참기름을 넣고 체에 내려 준비한다.

② 팬에 설탕과 물, 물엿을 넣고 설탕시럽을 만든다.

③ 밀가루에 설탕시럽과 소주를 넣고 반죽한 후 비닐에 넣어 숙성시킨다.

④ 냄비에 조청과 물, 소금을 넣고 젓지 않은 상태에서 즙청을 만든다.

⑤ 즙청이 끓으면 불을 끄고 계핏가루와 생강즙을 넣어 섞는다.

⑥ 숙성시킨 반죽은 약과틀을 이용해 모양을 찍는다.

⑦ 기름웍에 모양을 찍어낸 반죽을 2번 튀긴다.

⑧ 튀긴 약과는 기름을 제거한 후 즙청에 넣고 반나절 동안 절인다.

⑨ 절인 약과는 망에 건져 여분의 즙청이 빠져나가도록 한다.

05 방울토마토정과

재료

방울토마토 100g, 설탕 100g

만드는 법

① 방울토마토는 깨끗하게 씻은 후 반으로 자른다.

② 방울토마토를 설탕물에 담궈 놓는다.

③ 설탕을 고루 묻힌 후 말린다.

06 호박양갱, 호박견과류 양갱

재료

백앙금 250g, 한천 5g, 물 160g, 설탕 30g, 단호박 50g, 물엿 20g, 견과류(호두 10g, 아몬드 10g, 땅콩 10g)

만드는 법

① 단호박은 찐 후 속을 으깨어 준비한다.

② 팬에 물과 한천가루와 설탕을 섞어 잘 풀어준 후 약불로 살짝 끓인다.

③ 불을 끈 후 앙금과 물엿을 넣어 다시 불을 켜준 후 앙금과 으깬 호박을 넣어 잘 풀어준다.

④ 견과류는 잘게 부수어 준비한다.

⑤ 호박 양갱은 그대로 사각 틀에 앙금을 넣어 채워 넣고, 호박견과류양갱은 견과류를 가장 먼저 넣은 후 그 위에 앙금을 채운다.

⑥ 냉장고에서 굳혀 식힌다.

07 도라지정과

재료

깐 도라지 500g, 쌀조청 800g, 소금 3g

만드는 법

① 깨끗하게 손질한 도라지는 잔뿌리와 머리를 잘라준 후 소금물에 8분간 데친다.

② 삶은 도라지는 끓인 물과 함께 따로 준비한다.

③ 냄비에 도라지와 조청을 넣고 도라지가 자작하게 잠길 정도로 끓인 물을 다시 담는다.

④ 냄비를 중불로 끓인 후 끓어오르면 약불로 줄여 졸인다.

⑤ 물이 거의 졸여지면 냄비 뚜껑을 닫은 채로 식힌다.

⑥ 식은 도라지는 다시 물과 조청을 넣고 조리고 식히는 과정을 3번 반복한다.

⑦ 시럽을 체에 걸러 준 후 도라지가 투명해질 때까지 말린다.

08 배오미자정과

재료

배 1개, 오미자 250g, 설탕 200g, 물엿 100g

만드는 법

① 배는 베이킹소다를 이용하여 깨끗하게 씻은 후 껍질째 3mm 두께로 편 썬다.

② 편 썬 배는 설탕을 켜켜히 뿌려준 후 반나절 동안 둔다.

③ 오미자는 깨끗하게 씻은 후 찬물에 우려 오미자물을 만든다.

④ 수분이 생긴 배는 오미자물에 넣어 색이 물들 때까지 담궈 놓는다.

⑤ 냄비에 물든 배와 오미자물을 함께 담은 후 설탕 100g과 물엿을 넣고 끓인다.

⑥ 냄비가 끓으면 약불로 줄여 졸인 후 식힌다.

⑦ 시럽을 체에 걸러 말린 후 설탕을 입힌다.

09 호두정과

재료

호두 40g, 끓는 물 200ml, 소금 1g, 식용유 500g, 설탕시럽(설탕 30g, 물 50g, 꿀 12g)

만드는 법

① 호두는 끓는 물에 불려 쓴맛을 제거한다.

② 냄비에 설탕, 물, 소금, 꿀을 넣고 시럽을 만든다.

③ 시럽이 끓어오르면 물기를 제거한 호두를 넣고 중불에서 조린다.

④ 체에 올려 시럽을 뺀다.

⑤ 튀김 웍에 호두를 넣어 바삭하게 튀긴 후 체에 밭쳐 기름을 제거한다.

10 무지개떡 케이크

재료

하얀색(멥쌀가루 250g, 물 55ml, 설탕 50g, 소금 2g)

노란색(멥쌀가루 250g, 물 55ml, 설탕 50g, 소금 2g, 치자가루 3g)

초록색(멥쌀가루 250g, 물 55ml, 설탕 50g, 소금 2g, 쑥가루 3g), 잣 10g, 대추 10g

만드는 법

① 대추는 돌려깎아 씨를 제거한 후 꽃모양으로 돌돌 말아 썬다

② 잣은 고깔을 제거한 후 반으로 갈라 비닐잣을 만든다.

③ 멥쌀가루에 소금과 물을 넣고 고루 섞은 후 체에 내린다.

④ 멥쌀가루에 각 천연가루와 설탕을 넣어 섞어준 후 체에 내린다.

⑤ 찜기에 시루밑을 깐 후 틀을 올려 그 안에 쌀가루를 켜켜히 쌓아 평평하게 만든다.

⑥ 칼을 이용해 8등분한다.

⑦ 만들어둔 비늘잣과 대추꽃을 올린다.

⑧ 25분 찌고 5분 뜸들인다.

11 증편

재료

습식 멥쌀가루 200g, 소금 1g, 물 30g, 생막걸리 40g, 설탕 30g, 밤 20g, 대추 5g, 석이버섯 1장, 흑임자 4g, 식용유 5g

만드는 법

① 물을 살짝 끓여 미온수를 만든 후 생막걸리와 설탕을 섞는다.
② 쌀가루에 물과 소금을 넣고 섞은 후 체에 내린다.
③ 밤은 먹기 좋은 크기로 썰은 후 물에 데쳐 준비한다.
④ 체에 내린 쌀가루에 ①을 섞은 후 밤과 함께 반죽을 만들어 비닐에 넣어 4시간 숙성시킨다.
⑤ 숙성시킨 반죽은 다시 한 번 치대어 공기를 제거한 후 랩을 씌어 2시간 동안 2차 숙성시킨다.
⑥ 2차 숙성된 반죽을 공기를 한 번 더 공기를 뺀 후에 1시간 동안 3차 숙성시킨다.
⑦ 대추와 석이는 깨끗하게 손질한 후 채 썬다.
⑧ 흑임자는 마른 팬에 살짝 볶는다.
⑨ 모양틀에 숙성한 반죽을 넣은 후 채 썬 대추와 석이, 흑임자를 올려 20분간 찐 후 5분 뜸 들인다.
⑩ 식용유를 바른다.

12 대추단자

재료

찹쌀가루 400g, 대추 40g, 물 60ml, 설탕 20g, 식용유 10g

만드는 법

① 대추는 꼭지를 제거한 후 칼집을 낸다.

② 냄비에 고명 대추를 제외한 모든 대추에 물을 부어 약불로 대추가 무를 때까지 뭉근하게 끓인다.

③ 대추가 물러지면 체에 내려준 후 다시 한 번 더 끓여 수분을 날려 대추고를 만든다.

④ 쌀가루에 대추고를 넣고 고루 섞은 후 수분 정도에 따라 물을 첨가한다.

⑤ 쌀가루를 체에 친 후 설탕을 넣어 섞는다.

⑥ 김이 오른 찜기에 젖은 면보를 깐 후 설탕을 뿌려둔다. 쌀가루를 한 움큼씩 쥐어 안쳐 20분 동안 찐다.

⑦ 고명 대추는 돌려 깍아 씨를 제거한 후 얇게 채 썬다.

⑧ 떡이 쪄지면 소금물을 묻힌 방망이를 이용해 고루 치댄다.

⑨ 도마에 기름을 바른 후 치댄 반죽을 20g씩 소분하여 채친 대추고물을 묻힌다.

13 인삼정과

재료

인삼 500g, 쌀조청 800g, 소금 3g

만드는 법

① 깨끗하게 손질한 인삼은 잔뿌리와 머리를 잘라준 후 소금물에 8분간 데친다.

② 데친 인삼을 끓인 물과 함께 따로 준비한다.

③ 냄비에 인삼과 조청, 끓인 물을 담는다.

④ 냄비를 중불로 끓인 후 끓어오르면 약불로 줄여 졸인다.

⑤ 물이 거의 졸여지면 냄비 뚜껑을 닫은 채로 식힌다.

⑥ 식은 인삼은 다시 물과 조청을 넣고 조리고 식히는 과정을 3번 반복한다.

⑦ 시럽을 체에 걸러 준 후 인삼이 투명해질 때까지 말린다.

14 콩고물도라지정과

재료

깐 도라지 500g, 쌀조청 800g, 소금 3g, 콩가루 30g

만드는 법

① 깨끗하게 손질한 도라지는 잔뿌리와 머리를 잘라준 후 소금물에 8분간 데친다.

② 삶은 도라지는 끓인 물과 함께 따로 준비한다.

③ 냄비에 도라지와 조청을 넣고 도라지가 자작하게 잠길 정도로 끓인 물을 다시 담는다.

④ 냄비를 중불로 끓인 후 끓어오르면 약불로 줄여 졸인다.

⑤ 물이 거의 졸여지면 냄비 뚜껑을 닫은 채로 식힌다.

⑥ 식은 도라지는 다시 물과 조청을 넣고 조리고 식히는 과정을 3번 반복한다.

⑦ 시럽을 체에 걸러 준 후 도라지가 투명해질 때까지 말린다.

⑧ 말린 도라지에 콩가루를 묻힌다.

15 천혜향정과

재료

천혜향 2개, 물엿 150g, 물 100g, 설탕 300g

만드는 법

① 천혜향은 베이킹소다를 이용해 깨끗하게 씻은 후 식초물에 담궈 놓는다.

② 천혜향을 헹군 후 끓는 물에 살짝 데쳐 찬물에 식힌다.

③ 식힌 천혜향은 5mm 두께로 자른 후 설탕을 켜켜히 뿌려 설탕이 녹을 때까지 둔다.

④ 냄비에 수분이 생긴 천혜향과 물, 물엿을 넣고 끓이다가 약불로 줄여 졸인 후 식힌다.

⑤ 식힌 천혜향에 설탕을 묻힌 후 건조시킨다.

16 연근정과

재료

연근 200g, 식초 10g, 물 350ml, 설탕 120g, 소금 3g, 물엿 50g, 꿀 20g

만드는 법

① 연근 껍질을 제거한 후 깨끗이 씻어 준비한다.

② 물에 식초를 타 식초물을 만든다.

③ 연근은 0.5cm 두께로 썰어준 후 식초물에 담군다.

④ 식초물에 담군 연근은 끓는 물에 5분간 데쳐 찬물로 헹군다.

⑤ 냄비에 데친 연근과 물, 소금, 설탕을 넣고 끓인다.

⑥ 끓는 중에 거품을 중간마다 제거한 후 수분이 모두 날아갈 때까지 조린다.

⑦ 수분이 거의 졸아들면 물엿과 꿀을 넣고 투명하게 조린다.

⑧ 망에 밭쳐 여분의 당을 제거한다.

재료

차조가루 500g, 물 50ml, 쑥가루 15g, 팥소 200g, 팥고물 600g, 설탕 30g, 소금 4g

만드는 법

① 차조가루에 물과 소금, 쑥가루를 넣고 섞은 후 체에 내린다.

② 김이 오른 찜기에 젖은 면보를 깐 후 ①을 넣고 25분간 찐다.

③ 팥소는 15g씩 분할한다.

④ 익은 반죽은 소금물을 바른 방망이를 사용해 고루 치댄다.

⑤ 반죽은 잘라 넓게 펴준 후 팥소를 넣어 둥글게 만다.

⑥ 겉에 팥고물을 묻힌다.

18 삼색유과

재료

찹쌀가루 500g, 콩물 100ml(물100g, 불린 콩 15g), 소주 100g, 설탕 20g, 식용유 500g, 녹말 50g, 튀밥 300g, 흑임자 100g, 깨 100g, 조청 500g, 다진 생강 20g

만드는 법

① 찹쌀가루에 소주와 콩물을 넣고 고루 섞은 후 체에 친다.

② 김이 오른 찜기에 젖은 면보를 깐 후 설탕을 뿌리고 찹쌀가루를 한 움큼씩 올려 20분간 찐다.

③ 찐 반죽은 소금물 적신 방망이로 고루 치댄다.

④ 도마에 녹말가루를 뿌린 후 반죽을 얇게 말린다.

⑤ 반죽을 0.5 × 2 × 0.7cm로 잘라 녹말가루를 발라 붙지 않게 말린다.

⑥ 말린 반죽은 식용유에 넣어 불린 후 기름이 담긴 웍에 튀긴 후 기름을 제거한다.

⑦ 조청에 다진 생강을 넣고 끓인다.

⑧ 기름을 제거한 유과에 조청을 묻힌 뒤 튀밥, 깨, 흑임자로 고물을 묻힌다.

19 밤초

재료

밤 20개, 물 100ml, 설탕 50g, 꿀 30g, 소금 2g, 계핏가루 2g, 잣가루 30g

만드는 법

① 밤은 까준 후 깨끗하게 손질해 삶는다.

② 삶은 밤을 냄비에 넣고 설탕과 소금, 물과 함께 끓여 조린다.

③ 어느 정도 조려지면 꿀과 계핏가루를 넣고 버무린다.

20 대추초

재료

대추 10g, 꿀 50g, 잣 30g, 계핏가루 3g

만드는 법

① 대추는 깨끗하게 손질한 후 씨를 제거한다.

② 돌려깎기한 대추는 펼쳐 살 안쪽을 꾹꾹 눌러준 후 꿀을 발라 잣을 넣고 감싼다.

③ 냄비에 꿀과 계핏가루를 넣고 대추와 함께 졸인다.

다과상에 어울리는

한국 디저트

01 콩, 아몬드, 커피, 쑥다식

재료

콩 반죽(멥쌀가루 50g, 소금 1g, 꿀 30g, 조청 60g, 참기름 5g, 콩가루 3g)
아몬드 반죽(멥쌀가루 50g, 소금 1g, 꿀 30g, 조청 60g, 참기름 5g, 아몬드가루 3g)
커피 반죽(멥쌀가루 50g, 소금 1g, 꿀 30g, 조청 60g, 참기름 5g, 커피가루 3g)
쑥 반죽(멥쌀가루 50g, 소금 1g, 꿀 30g, 조청 60g, 참기름 5g, 쑥가루 3g)

만드는 법

① 멥쌀가루에 꿀과 조청 그리고 각각의 가루를 넣어 반죽한다.

② 다식판에 비닐 랩을 씌운다.

③ 반죽을 색색이 넣어 꾹꾹 눌러 모양을 만든 후 랩을 당겨 다식을 꺼낸다.

02 매작과

재료

중력분 50g, 생강 10g, 소금 4g, 식용유 300g, 설탕시럽(설탕 40g, 물 50g)

만드는 법

① 생강은 껍질을 제거해 깨끗하게 손질한 후 다져 면보에 넣어 물에 짜내 생강즙을 만든다.

② 밀가루는 체에 내린 후 소금과 생강즙을 넣고 반죽한다.

③ 반죽한 밀가루는 중간마다 덧가루를 뿌려가며 0.2cm 두께로 밀어준 후 가로 2cm, 세로 5.5cm로 자른다.

④ 반죽에 칼집을 3곳 넣는데, 가장자리를 가장 길게, 양 옆은 가장자리보다 짧게 넣는다.

⑤ 가운데 칼집에 반죽을 꼬아 넣어 꽈리를 만든다.

⑥ 기름웍에 반죽을 튀긴 후 기름을 제거한다.

⑦ 팬에 설탕과 물을 넣어 설탕시럽을 만든 후 튀긴 반죽에 넣었다가 뺀다.

03 살구정과

재료

살구 4개, 설탕 200g

만드는 법

① 살구는 껍질을 제거한 후 얇게 반을 잘라 씨를 제거한다.

② 살구에 설탕을 켜켜히 뿌려 재운다.

③ 재운 살구의 수분을 제거하고 다시 한 번 더 설탕에 재운다.

④ 수분을 제거한 살구를 건조시킨다.

04 흑임자인절미

재료

습식 찹쌀가루 500g, 설탕 80g, 소금 5g, 물 50ml, 흑미가루 60g, 식용유 20g

만드는 법

① 찹쌀가루에 소금을 넣고 물을 섞어 체에 내린다.

② 김이 오른 찜기에 젖은 면보를 깔고 설탕을 뿌린 후 쌀가루를 한움큼씩 올려 25분 찌고 5분 뜸 들인다.

③ 소금물을 묻힌 방망이로 떡을 고루 치댄다.

④ 치댄 떡은 식용유를 바른 비닐에 펼친 후 네모나게 만들어 식힌다.

⑤ 흑임자가루를 고루 묻힌다.

⑥ 먹기 좋은 크기로 썬다.

05 화전

재료

습식 찹쌀가루 100g, 뜨거운 물 40ml, 소금 1g, 설탕시럽(설탕100g, 물100ml), 설탕 10g, 식용유 20g, 말린 진달래꽃 5장

만드는 법

① 쌀가루에 소금과 물을 넣고 고루 섞은 후 체에 내린다.

② 체에 내린 쌀가루를 익반죽하여 숙성시킨다.

③ 숙성시킨 반죽은 10g씩 뗀 후 2cm 크기로 납작하게 만든다.

④ 팬에 기름을 두른 후 반죽을 올려 지진다.

⑤ 반죽이 투명해지면 뒤집어가면서 익힌다.

⑥ 냄비에 설탕과 물을 끓여 시럽을 만든다.

⑦ 익은 반죽에 꽃을 올린 후 시럽에 살짝 담궜다가 빼서 설탕을 뿌린다.

06 딸기, 녹차, 팥양갱

[딸기 양갱]

재료

딸기, 한천가루 10g, 물 150g, 딸기퓨레 60g, 딸기가루 6g, 설탕 50g, 올리고당 10g, 백옥 앙금 250g

만드는 법

① 냄비에 물과 한천가루를 넣고 10~20분 정도 불린다.

② 양갱 틀 표면에 얇게 썬 딸기를 붙인다.

③ 물에 한천가루를 불려 둔 냄비를 약불에 올려 녹인다.

④ 설탕과 올리고당을 넣고 젓는다.

⑤ 딸기 퓨레를 넣고 녹인다.

⑥ 딸기가루가 뭉치지 않도록 물에 개어 풀어준 후 냄비에 넣는다.

⑦ 앙금을 넣고 덩어리지지 않도록 잘 풀어주고 살짝 끓인 후 불에서 내린다.

⑧ 약간 식힌 후 틀에 반 정도 붓고, 썰어 둔 딸기 조각을 넣어 마저 양갱을 부어 덮은 후 굳힌다.

[녹차 양갱]

재료

녹차가루 7g, 한천가루 5g, 물 150ml, 설탕 15g, 올리고당 30ml, 전분 약간, 소금 한 꼬집, 백앙금 250g

만드는 법

① 물 150ml에 한천가루 5g을 섞어 15분 정도 불린다.

② 녹차가루를 작은 용기에 덜어 물을 최소한으로 해서 섞는다.

③ 불린 한천에 설탕을 15g 넣고 중불에 저어가며 끓인다.

④ 점성이 생기면 불을 끄고 준비한 백앙금을 곱게 푼다.

⑤ 올리고당 30ml를 넣고 한 번 더 끓인다.

⑥ 끓인 앙금을 원하는 만큼 용기에 담고 녹차가루를 섞는다.

⑦ 틀에 붓고 냉장고에서 2~3시간 굳힌다.

[팥 양갱]

재료

한천가루 5g, 물 150ml, 설탕 15g, 올리고당 30ml, 전분 약간, 소금 한 꼬집, 적앙금 250g

만드는 법

① 물 150ml에 한천가루 5g을 섞어 15분 정도 불린다.

② 녹차가루를 작은 용기에 덜어 물을 최소한으로 해서 섞는다.

③ 불린 한천에 설탕을 15g 넣고 중불에 저어가며 끓인다.

④ 점성이 생기면 불을 끄고 준비한 백앙금을 곱게 푼다.

⑤ 올리고당 30ml를 넣고 한 번 더 끓인다.

⑥ 끓인 앙금을 원하는 만큼 용기에 담고 녹차가루를 섞는다.

⑦ 틀에 붓고 냉장고에서 2~3시간 굳힌다.

07 망개떡

재료

찹쌀 380g, 팥 420g, 설탕 100g, 꿀 30g, 소금 15g, 계핏가루 2.5g, 청미래덩굴잎 60장

만드는 법

① 팥은 물에 불린 후 쪄내고, 소금 5g을 넣어 으깨어 체에 내려 고물을 만든다.

② ①에 설탕과 계핏가루, 꿀을 넣어 새알심 크기의 소를 빚는다.

③ 찹쌀은 불려서 찜통이나 시루에 충분히 찌고, 여기에 소금 6g을 넣어 절구로 찧는다.

④ 만들어진 ③의 찹쌀 반죽은 새알심 크기로 떼어 도마 위에 놓고 민 후 ②의 소를 넣어 반달 모양으로 빚는다.

⑤ 청미래덩굴잎 2장 사이에 떡을 넣은 후 찜통에서 20분 정도 쪄 내어 마무리한다.

08 밤단자

재료

밤 20개, 찹쌀가루 600g, 설탕 45g, 꿀 100ml, 소금 1.5g, 대추 3개, 잣 10개

만드는 법

① 밤은 껍질을 깨끗이 벗긴 후 찜통에서 쪄내어 식힌다.

② 찹쌀가루에 소금 1.5g을 넣고, 찜통에 면보를 깐 후 20분 정도 쪄낸다.

③ ①의 밤은 잘게 부순 후 체에 내려 가루를 만든다.

④ 대추는 돌려 깎아 편으로 썰어 모양을 내어 준비한다.

⑤ 찹쌀가루는 절구에 넣고 찬물을 넣어 잘 찧어 찰기가 있게 한다.

⑥ 설탕 45g과 ③의 밤가루 7.5g을 넣고 잘 섞는다.

⑦ ⑥에 꿀을 묻힌 후 ③의 밤가루를 다시 한 번 묻힌다.

⑧ ⑦에 ④의 모양을 낸 대추와 잣을 올려 마무리한다.

09 생강편

재료

생강 1kg, 설탕 1kg

만드는 법

① 생강은 흐르는 물에 꼼꼼하게 씻어 0.2~0.3cm 정도의 두께로 편으로 썬다.

② 편으로 썬 생강을 물에 담가 전분을 제거한다.

③ 물에 담근 생강을 끓는 물에 넣고 10분 정도 끓인다. 이 과정을 2번 반복하여 매운 맛을 제거한다.

④ 생강편은 물기를 제거하고 설탕 1kg을 넣고 센 불에서 끓인다.

⑤ 생강편에 결정이 생길 때까지 저어 가며 졸이고, 넓은 채반에 펼쳐 하루 동안 말려 완성한다.

10 현미강정

재료

현미튀밥 600g, 설탕 100g, 소금 6g, 올리고당 200ml, 버터 45g, 대추 10개

만드는 법

① 대추는 돌려 깎은 후 씨를 빼내어 잘게 썰어 준비한다.

② 설탕과 올리고당, 버터와 소금을 냄비에 넣고 중불로 끓여 시럽을 만든다.

③ 시럽이 끓기 시작하면 현미튀밥과 대추를 넣고 잘 섞는다.

④ 틀에 넣고 5분 정도 굳힌 후 꺼내어 적당한 크기로 썰어 완성한다.

11 견과류강정

재료

견과류 2봉지, 설탕 400g, 물 400g, 올리고당 200ml

만드는 법

① 설탕과 물을 냄비에 넣고 중불에서 젓지 않고 자연적으로 녹을 때까지 끓인다.

② 설탕이 다 녹으면 올리고당을 넣어 졸인다.

③ 견과류를 넣어 잘 버무린다.

④ 틀에 기름을 바른 후 ③의 버무린 견과류를 넣어 평평하게 만든다.

⑤ 냉동실에 5분 정도 두어 굳힌 후 먹기 좋은 크기로 잘라 완성한다.

12 곶감호두말이

재료

곶감 5개, 호두 10개

만드는 법

① 곶감은 꼭지를 자른 후 넓게 펼치고, 씨는 깨끗하게 제거한다.

② 넓게 펼친 곶감 가운데 호두를 올리고 촘촘하게 만다. 말 때는 랩을 씌워 말거나 김발을 사용하면 편리하다.

③ 만든 곶감말이는 냉동실에서 굳힌 후 1~2cm 두께로 잘라 완성한다.

13 찰팥시루떡

재료

찹쌀가루(습식) 200g, 멥쌀가루(습식) 1kg, 물 1kg, 설탕 150g, 팥 400g, 소금 6g

만드는 법

① 팥은 흐르는 물에 깨끗이 씻은 후 삶아 떫은 맛을 제거한다. 팥을 삶은 첫 물은 버리고 물을 다시 넣어 1시간 정도 삶는다.

② 삶은 팥에 소금 6g을 넣고 잘게 찧어 분쇄한다.

③ 찹쌀가루와 멥쌀가루는 서로 혼합한 후 어레미에 내린다.

④ ③에 물를 넣어 부서지지 않을 정도로 섞는다.

⑤ ④를 체에 내린 후 설탕 45g을 넣는다.

⑥ 시루 틀에 면보를 깔고 ②의 팥고물과 ⑤의 찹쌀가루와 멥쌀가루를 켜켜이 반복하여 넣는다.

⑦ 찜기에 올려 30분 쪄 내어 완성한다.

14 오미자식혜

재료

찹쌀 2kg, 엿기름 500g, 물 6kg, 설탕 200g, 오미자 600g

만드는 법

① 오미자 600g에 물 4kg를 붓고 하루 동안 놓아 오미자를 충분히 우려낸다.

② 찹쌀은 깨끗이 씻어 3시간 정도 불린다.

③ 찜통에 젖은 면보를 깔고 ②의 불린 찹쌀을 넣어 고두밥을 만든다.

④ 엿기름에 물 2kg를 넣고 섞은 후 체에 걸러 건더기가 없는 물만 받는다.

⑤ ③의 고두밥에 ④의 엿기름 물을 넣고 약 65° 정도의 따뜻한 곳에서 밥알이 뜰 때까지 삭힌다.

⑥ 밥알이 떠오르면 ①의 오미자가 우러난 물을 붓고 설탕 200g을 넣고 끓여 완성한다.

15 바람꿀떡

재료

쌀가루(습식) 800g, 물 400g, 참기름 30ml, 꿀 100g, 깨 200g, 소금 2ts

만드는 법

① 쌀가루에 소금을 넣어 간을 하고, 물을 넣고 비벼가며 반죽한다.

② 시루에 젖은 면보를 깔고 반죽을 넣은 후 끓는 물에서 20분 정도 찐다.

③ 깨와 꿀, 그리고 소금 15g을 넣어 깨소를 만든다.

④ 쪄낸 떡은 기름을 발라가며 치대고, 적당한 크기로 나눈다.

⑤ 반죽을 오목하게 한 뒤 속에 만들어 둔 깨소를 넣어 완성한다.

16 견과류깨강정

재료

들깨 400g, 참깨 400g, 설탕 400g, 물 400ml, 올리고당 200ml

만드는 법

① 들깨와 참깨는 고소한 향미가 날 때까지 충분히 볶는다.

② 설탕과 물을 냄비에 넣고 중불에서 젓지 않고 자연적으로 녹을 때까지 끓인다.

③ 설탕이 다 녹으면 올리고당을 넣어 졸인다.

④ 볶은 들깨와 참깨를 넣고 주걱으로 저어 잘 섞는다.

⑤ 틀에 기름을 바른 후 ④의 버무린 깨를 넣어 평평하게 만든다.

⑥ 냉동실에 5분 정도 두어 굳힌 후 먹기 좋은 크기로 잘라 완성한다.

아이와 함께 만들기 좋은

한국 디저트

01 인절미

재료

찹쌀가루 500g, 물 40ml, 콩가루 40g, 식용유 10g, 소금 3g, 설탕 30g

만드는 법

① 찹쌀가루에 소금을 넣고 물을 넣어준 후 고루 섞어 체에 내린다.

② 콩가루에 설탕을 넣고 고루 섞어 콩고물을 만든다.

③ 김이 오른 찜기에 젖은 면보를 깔고 설탕을 뿌린 후 찹쌀가루를 한 움큼씩 올려 30분간 찐다.

④ 소금물을 묻힌 방망이로 반죽을 고루 치댄다.

⑤ 기름을 묻힌 비닐에 반죽을 올려 모양을 만든 후 식힌다.

⑥ 반죽에 콩가루를 묻히고 먹기 좋은 크기로 자른다.

02 인절미꿀떡

재료

찹쌀가루 200g, 흑설탕 200g, 소금1g

만드는 법

① 찹쌀가루에 익반죽한다.

② 김이 오른 찜기에 젖은 면보를 깔고 쌀가루를 올려 20분간 찐다.

③ 찐 반죽은 소금물을 묻힌 방망이로 고루 치댄다.

④ 반죽을 적당한 크기로 썬다.

⑤ ④의 재료를 꿀과 흑설탕에 무쳐 완성한다.

03 삼색경단

재료

찹쌀가루 300g, 끓는 물 40ml, 팥앙금 50g, 녹말가루 10g, 소금 1g, 흑임자가루 50g, 볶은깨 50g, 팥가루고물 50g

만드는 법

① 찹쌀가루는 체에 한 번 내린 후 끓는 물을 섞어 익반죽한다.

② 팥앙금은 5g씩 소분한다.

③ 반죽을 15g씩 소분한 뒤 그릇 모양으로 만들어 소를 넣고 둥글게 빚는다.

④ 물을 끓인다.

⑤ 빚은 떡에 녹말가루를 살짝 묻혀 털어낸 후 끓는 물에 삶는다.

⑥ 반죽이 떠오르면 1분 정도 더 삶다가 찬물에 건져 찬물에 헹군다.

⑦ 물기를 제거한 떡을 고물에 묻힌다.

04 바람떡

재료

멥쌀가루 500g, 물 80ml, 백년초가루 15g, 앙금 150g, 참기름 10g

만드는 법

① 쌀가루에 물을 섞어 소보로처럼 고슬고슬 만든다.

② 김이 오른 찜기에 시루밑을 깔고 쌀가루를 올려 20분간 찐다.

③ 찐 반죽은 고루 치대어 반죽을 하나로 만든다.

④ 반죽을 조금 떼어 백년초가루를 섞어 색을 낸다.

⑤ 색을 낸 떡을 길고 얇게 민 후 하얀 반죽을 넓게 펼쳐 올려 밀대로 민다.

⑥ 밀대로 민 반죽 위에 앙금을 올려 떡반죽으로 덮는다.

⑦ 바람떡 틀로 찍은 후 참기름을 바른다.

05 호박 식혜

재료

엿기름 90g, 멥쌀가루 70g, 물 1.5L, 생강 10g, 잣 4g, 설탕 90g, 호박 90g

만드는 법

① 엿기름과 쌀을 물에 풀어 불린다.

② 1시간 이상 불려둔 엿기름을 고루 주물러 체에 거른다.

③ 체에 거른 엿기름 물은 앙금이 가라앉을 때까지 기다린다.

④ 아래 앙금은 버리고, 위에 엿기름 물만 준비한다.

⑤ 불린 쌀은 젖은 면보에 감싸 찜기로 1시간 동안 쪄서 고두밥을 만든다.

⑥ 맑은 엿기름 물을 약불로 데운 후 고두밥을 넣고 밥솥 보온 기능으로 6시간 삭힌다.

⑦ 밥알이 떠오르면 밥알만 건져 찬물에 헹궈 준비한다.

⑧ 호박을 씨를 제거하고 쪄서 믹서로 간다.

⑨ 삭힌 엿기름 물에 생강, 설탕물, 호박물을 넣고 20분간 약불에서 끓여 식혜를 만든다.

⑩ 식혜를 면보에 밭쳐 맑은 물을 거른 후 밥알을 섞어 완성한다.

06 약식

재료

불린 찹쌀 500g, 황설탕 100g, 참기름 30g, 진간장 20g, 계핏가루 2g, 캐러멜시럽(설탕 30g, 물 20ml, 끓는 물 10ml, 물엿 10g), 설탕 10g, 밤 5개, 대추 30g, 잣 15g, 꿀 10g

만드는 법

① 냄비에 설탕과 물을 넣고 젓지 않은 상태에서 끓인 뒤 갈색이 되면 불을 끄고 끓는 물과 물엿을 넣어 캐러멜시럽을 만든다.

② 잣은 고깔을 제거하고, 밤과 대추는 깨끗하게 씻은 후 6등분하여 설탕에 버무린다.

③ 불린 찹쌀은 김이 오른 찜기에 젖은 면보를 깔고 40분간 찐다.

④ 찹쌀을 찔 때 소금물을 조금씩 뿌려 섞는다.

⑤ 쪄낸 찹쌀에 황설탕과 참기름, 진간장, 계핏가루, 캐러멜시럽을 넣고 고루 섞는다.

⑥ ⑤에 밤과 대추를 넣고 면보를 씌어 2시간 동안 상온에서 간이 배도록 둔다.

⑦ 김이 오른 찜기에 ⑥을 올려 30분간 찌고 5분간 뜸 들인다.

⑧ 뜸 들인 약식에 꿀과 잣을 고루 섞는다.

07 율란

재료

밤 100g, 꿀 20g, 계핏가루 3g, 잣 20g

만드는 법

① 잣은 고깔을 제거한 후 다져 준비한다.

② 밤은 삶아 속만 파내어 으깬다.

③ 으깬 밤은 체에 내린 후 계핏가루와 꿀을 넣고 한 덩어리로 반죽한다.

④ 반죽을 10g씩 소분하여 밤 모양으로 만든 후 잣가루나 계핏가루를 아랫부분에 묻힌다.

08 참다래정과

재료

참다래 5개, 설탕 300g

만드는 법

① 참다래는 껍질을 제거한 후 얇게 편 썰어 준비한다.

② 편썬 참다래에 설탕을 켜켜히 뿌려 재운다.

③ 재운 참다래의 수분을 제거하고 다시 한 번 더 설탕에 재운다.

④ 수분을 제거한 참다래는 건조시킨다.

09 찹쌀떡

재료

찹쌀가루 400g, 설탕 30g, 물 30ml, 녹말가루 10g, 팥앙금 100g

만드는 법

① 팥앙금은 15g씩 소분하여 둥글게 만든다.

② 쌀가루에 물을 넣고 섞은 후 체에 내린 후 설탕을 넣어 섞는다.

③ 김이 오른 찜기에 젖은 면보를 깐 후 설탕을 뿌려주고, 그 위에 쌀가루를 한 움큼씩 쥐어 안쳐 25분간 찐다.

④ 떡이 모두 익으면 소금물을 묻힌 방망이를 이용하여 고루 치댄다.

⑤ 도마에 녹말가루를 뿌린 후 반죽을 일정한 크기로 떼어 편다. 그 안에 앙금을 넣은 후 둥글게 감싼다.

⑥ 서로 붙지 않도록 녹말가루를 고루 뿌린다.

10 녹차약과

재료

밀가루 220g, 녹차 6g, 참기름 45ml, 꿀 45ml, 청주 30ml, 소금 1g, 생강즙 8ml, 계핏가루 1g, 흰 후춧가루 1g, 계란 노른자 1개, 물엿 500ml, 물 200ml, 생강 100g, 계피 50g, 유자청 50ml

만드는 법

① 밀가루를 체에 한 번 내리고, 여기에 녹차 30g과 참기름 45ml를 섞어 체에 다시 내린다.

② 넓은 볼에 꿀 45ml, 청주 30ml, 소금 1g, 생강즙 8ml, 계핏가루 1g, 흰 후춧가루 1g를 넣고 잘 섞는다.

③ ①과 ②를 섞어 하나로 뭉친 후 일정량을 나눈 후 이를 넓게 펴서 켜를 만든다. 반죽을 너무 많이 하면 굳기 때문에 조금만 반죽한다.

④ 0.5cm 두께로 반죽을 밀어 모양을 찍어내거나 자른다.

⑤ 기름을 가열하고 90° 정도(방울이 올라오는 정도)가 되면 찍어낸 반죽을 넣는다.

⑥ 넣은 반죽이 떠오르면 불을 중간 정도로 높이고 130~140° 정도의 온도에서 연한 갈색이 나타날 때까지 튀긴다.

⑦ 이후 건져내어 기름을 충분히 뺀다.

⑧ 물 200ml, 물엿 500ml, 계피 50g, 생강 100g, 유자청 50ml를 잘 섞은 후 살짝 끓인다.

⑨ ⑧을 식혀서 만들어진 집청에 ⑦의 약과를 넣어 충분히 푹 담군다.

11 키위찹쌀떡

재료

키위 2개, 건식 찹쌀가루 150g, 물 160ml, 소금 2g, 설탕 20g, 팥앙금 150g, 녹말가루 40g

만드는 법

① 찹쌀가루에 소금과 설탕, 물을 넣고 고루 섞는다.

② 김이 오른 찜기에 반죽을 한 움큼씩 쥐어 올린 뒤 15분간 찐다.

③ 키위는 껍질을 제거하여 4등분 한다.

④ 팥앙금을 키위 1/4 크기로 소분한다.

⑤ 키위 1/4개와 팥을 붙인다.

⑥ 반죽은 소금물을 묻힌 방망이로 고루 치댄 후 30g씩 소분한다.

⑦ 소분한 반죽을 넓게 펼친 후 준비한 소를 넣고 둥글게 오므린다.

⑧ 녹말가루를 묻힌다.

12 블루베리떡

재료

찹쌀가루 600g, 블루베리 200g, 물 50ml, 설탕 45ml, 설탕 50g, 소금 1g, 콩가루, 백옥앙금 210g, 식용유 약간

만드는 법

① 블루베리 1/2 정도를 믹서기에 넣고 갈아 두고, 남은 1/2의 블루베리는 물 50ml를 넣고 간다.

② 찹쌀가루 600g, 설탕 30g과 소금 1g을 넣고 고루 섞은 후, 여기에 ①의 블루베리 간 것을 넣고 반죽을 한다.

③ 젖은 면보에 가루가 달라붙지 않도록 설탕 15g을 고루 뿌린 후 ②의 반죽을 올린다.

④ 20분 간 강한 불에서 찐 후, 봉지에 식용유 약간을 발라 반죽을 넣고 치댄다.

⑤ 치댄 반죽을 오목하게 하여 백옥 앙금 210g을 속으로 넣고 콩가루를 묻힌 후 먹기 좋은 크기로 썰어 마무리한다.

13 카스테라찹쌀떡

재료

찹쌀가루 400g, 설탕 30g, 물 30ml, 카스테라 50g, 팥앙금 100g

만드는 법

① 팥앙금은 15g씩 소분하여 둥글게 만든다.

② 쌀가루에 물을 넣고 섞은 후 체에 내린 후 설탕을 넣어 섞는다.

③ 김이 오른 찜기에 젖은 면보를 깐 후 설탕을 뿌려주고, 그 위에 쌀가루를 한 움큼씩 쥐어 안쳐 25분간 찐다.

④ 떡이 모두 익으면 소금물을 묻힌 방망이를 이용하여 고루 치댄다.

⑤ 도마에 녹말가루를 뿌린 후 반죽을 일정한 크기로 떼어 편다. 그 안에 앙금을 넣은 후 둥글게 감싼다.

⑥ 카스테라는 껍질을 제거한 후 체에 내려 고물을 만든다.

⑦ 찹쌀떡에 카스테라 고물을 묻힌다.

14 고구마송편

재료

쌀가루 350g, 고구마 4개, 참깨 50g, 아몬드 30g, 설탕 30g, 소금 6g, 꿀 50ml

만드는 법

① 고구마를 깨끗이 씻은 후 찜기에 올려 잘 찐다.

② ①의 고구마는 껍질을 벗기고 여기에 참깨 50g, 설탕 15g, 꿀 50ml, 소금 3g을 넣어 으깨어 가며 섞는다.

③ 쌀가루에 소금 3g을 넣고 뜨거운 물을 조금씩 부어가며 익반죽한다.

④ ③의 반죽을 넓게 펼쳐 ②의 소를 적당량 넣은 후 모양을 송편 모양으로 성형한다.

⑤ 찜기에 면보를 깔고 달라붙지 않도록 설탕 15g을 고루 뿌린 후 ④의 송편을 넣어 촉촉하게 찐다.

⑥ 쪄낸 떡은 찬물에 넣었다 뺀 후 참기름을 발라 마무리한다.

15 삼색송편

재료

쌀가루 1.2kg, 쑥 50g, 단호박 70g, 뜨거운 물 400ml, 풋콩 50g, 밤초 30g, 깨소금 20g, 소금 2g, 계핏가루 약간, 소금 8g, 설탕 8g, 참기름 8g

만드는 법

① 쌀가루 6컵에 물 50ml와 소금 8g를 넣고 체에 내려 3등분한다.

② 믹서기에 쌀가루 400g과 데친 쑥 50g을 넣고 곱게 간다.

③ 쌀가루 400g에 뜨거운 물 150ml를 넣고 익반죽을 하여 흰 송편 반죽을 만든다.

④ ②에 뜨거운 물 50ml를 넣고 섞어 반죽을 만들고, 체에 내린 단호박 70g에 쌀가루 400g, 뜨거운 물 50ml를 넣어 동일하게 반죽을 만든다.

⑤ 소는 깨소금 20g, 설탕 2g, 소금 4g을 넣어 만든다.

⑥ 삶은 풋콩 50g에 소금 4g를 넣어 섞는다.

⑦ 물 200ml에 꿀 30ml를 섞은 후 깐 밤을 넣어 졸인다.

⑧ ③과 ④의 반죽을 둥글게 빚은 후, 오목하게 만들어 소를 적당량 넣고 둥글게 송편 모양으로 빚는다.

⑨ 김이 오른 찜기에 면포를 깔고 솔잎을 올린 뒤 그 위에 반죽을 올려 20분 정도 찐다.

⑩ 찐 송편은 찬물에 넣었다가 뺀 후 참기름을 묻혀 완성한다.

16 콩감자떡

재료

검은콩 200g, 감자 전분 400g, 설탕 10g, 소금 10g, 참기름 20g

만드는 법

① 물을 끓인다.

② 검은 콩은 물에 불려 준 후 한 번 삶아 준비한다.

③ 감자 전분과 소금, 설탕을 함께 섞은 후 익반죽한다.

④ 반죽은 숙성한 후 먹기 좋은 크기로 소분한다.

⑤ 소분한 반죽에 콩을 소로 넣어 준 후 주먹으로 쥔다.

⑥ 끓는 찜기에 젖은 면보를 깐 후 빚은 떡을 올려 20분간 찐다.

⑦ 떡이 투명해지면 참기름을 고루 바른 후 식힌다.

17 초코단자

재료

찹쌀가루 100g, 멥쌀가루 100g, 코코아가루 30g, 시리얼 30g, 슬라이스 아몬드 10g, 초콜릿 50g

만드는 법

① 찹쌀가루와 멥쌀가루, 소금, 물, 코코아가루를 넣고 고루 섞어 소보로처럼 만든다.

② 김이 오른 찜기에 젖은 면보를 깔고 쌀가루를 올려 20분간 찐다.

③ 초콜릿은 중탕으로 녹인 후 아몬드와 시리얼을 넣고 섞은 다음 한 입 크기로 소를 만든다.

④ 반죽을 소금물을 묻힌 방망이로 고루 치댄다.

⑤ 반죽을 소분한 후 넓게 펼친 후 소를 넣고 둥글게 감싼다.

⑥ 떡에 코코아 고물을 묻힌다.

18 방울토마토찹쌀떡

재료

방울토마토 12개, 건식 찹쌀가루 150g, 물 160ml, 소금 2g, 설탕 20g, 백옥앙금 150g, 녹말가루 40g

만드는 법

① 찹쌀가루에 소금과 설탕, 물을 넣고 고루 섞는다.

② 김이 오른 찜기에 반죽을 한 움큼씩 쥐어 올린 뒤 15분간 찐다.

③ 방울토마토는 깨끗이 씻은 후 백옥앙금으로 감싸 소를 만든다.

④ 반죽은 소금물을 묻힌 방망이로 고루 치댄 후 30g씩 소분한다.

⑤ 소분한 반죽을 넓게 펼친 후 준비한 소를 넣고 둥글게 오므린다.

⑥ 녹말가루를 묻혀 마무리한다.

19 초코약과

재료

밀가루 220g, 코코아가루 50g, 참기름 50ml, 꿀 50ml, 청주 30ml, 소금 2g, 생강즙 8ml, 계핏가루 2g, 흰 후춧가루 1g, 계란 노른자 1개, 물엿 500ml, 물 200ml, 생강 100g, 계피 50g, 유자청 50ml

만드는 법

① 밀가루를 체에 한 번 내리고, 여기에 코코아가루 50g과 참기름 50ml를 섞어 체에 다시 내린다.

② 넓은 볼에 꿀 50ml, 청주 30ml, 소금 2g, 생강즙 8ml, 계핏가루 2g, 흰 후춧가루 1g을 넣고 잘 섞는다.

③ ①과 ②를 섞어 하나로 뭉친 후 일정량을 나눈 후 이를 넓게 펴서 켜를 만든다. 반죽을 너무 많이 하면 굳기 때문에 조금만 반죽한다.

④ 0.5cm 두께로 반죽을 밀어 모양을 찍어내거나 자른다.

⑤ 기름을 가열하고 90도 정도(방울이 올라오는 정도)가 되면 찍어낸 반죽을 넣는다.

⑥ 넣은 반죽이 떠오르면 불을 중간 정도로 높이고 130~140도 정도의 온도에서 연한 갈색이 나타날 때까지 튀긴다.

⑦ 이후 건져내어 기름을 충분히 뺀다.

⑧ 물 200ml, 물엿 500ml, 계피 50g, 생강 100g, 유자청 50ml를 잘 섞은 후 살짝 끓인다.

⑨ ⑧을 식혀서 만들어진 집청에 ⑦의 약과를 넣어 충분히 푹 담군다.

참고 문헌

- 김수인, "한식 디저트", 파워북, 2015.
- 양향자, "디저트의 세계", ㈜지구문화, 2021.
- 양향자, "푸드 코디네이션", ㈜지구문화, 2012.
- 이종필, "Food Plating+", 백산, 2019.
- 장여진, "참 쉬운 떡 만들기", 중앙북, 2016.
- 조은정, "테이블 코디네이션", 국제, 2005.
- 찔레, "예쁘고 만들기 쉬운 한식 디저트", 경향bp, 2022.
- 안동시 농업기술센터

Korea Dessert styling

명품 한식 디저트 스타일링

2022년 12월 1일 초판 인쇄
2022년 12월 6일 초판 발행

지은이 • 양향자 · 마은희 · 남형경 · 이은경 · 김희정
발행인 • 주병오 · 주민기
발행처 • ㈜지구문화 JIGU CULTURE Co.Ltd

주 소 • 경기도 파주시 회동길 209
파주출판문화정보산업단지
영업부 • 031-955-7566 · 7577
편집부 • 031-955-7731
F A X • 031-955-7730
홈페이지 • www.ji-gu.co.kr
전자우편 • jigupub@hanmail.net
등록번호 • 1997년 7월 13일 제 9-57호

ISBN 978-89-7006-401-7 가격 : 24,000원

* 본서의 무단복제 또는 복사는 저작권법
침해이오니 절대 삼가시기 바랍니다.